Schöningh
westermann

Punkt für Punkt

Individuell fördern
durch Differenzierung

Grammatik **5/6**
und Stil
(mit Differenzierungsmaterial Deutsch–Englisch)

Peter Kohrs

© 2012 Bildungshaus Schulbuchverlage Westermann Schroedel Diesterweg Schöningh Winklers GmbH,
Georg-Westermann-Allee 66, 38104 Braunschweig
www.westermann.de

Druck A⁴ / Jahr 2023
Alle Drucke der Serie A sind im Unterricht parallel verwendbar.

Umschlaggestaltung: Reinhild Kassing, Kassel, unter Verwendung einer Fotografie von Stihl024/pixelio.de
Illustrationen: Heinrich Drescher, Münster, sowie Reinhild Kassing, Kassel (Differenzierungszeichen)
und Matthias Berghahn, Bielefeld (Heftpiktogramm)
Druck und Bindung: Westermann Druck GmbH, Georg-Westermann-Allee 66, 38104 Braunschweig

ISBN 978-3-14-025132-7

Inhalt

Zum Konzept

■ Einsatzmöglichkeiten

Die Module dienen vor allem dem differenzierenden Üben, Wiederholen und der Vertiefung. Die Materialien, die in qualitativer und quantitativer Hinsicht differenziert sind, ergänzen die Angebote der Lehrbücher und Arbeitshefte. Da jedes Differenzierungsmaterial aus einem oder mehreren eigenständigen Arbeitsblättern besteht, können die Module sowohl differenzierend-arbeitsteilig wie auch progressiv-steigernd eingesetzt werden. Sie dienen **der individuellen Gestaltung der Lernwege**; dies heißt vor allem: Es geht darum, beim Schüler die individuellen Stärken auszubauen und etwaige Schwächen abzubauen. **Individuelle Förderung** mithilfe der Module ist möglich:

- als Binnendifferenzierung im Unterricht,
- im Förderunterricht und in Förderkursen.

Die Module bieten sich vor allem an für das selbstbestimmte, schülerzentrierte Lernen in dezentralen Arbeitsformen wie Partnerarbeit, Gruppenarbeit und Lernen an Stationen, wobei der Schüler zum Träger und Mitgestalter von Lernprozessen wird. Die Module können u.a. für folgende schulische Situationen genutzt werden: Einzelarbeit, Kleingruppenarbeit, Wiederholung und Vertiefung des Lernstoffes vor einer Klassenarbeit, differenzierende Hausarbeit.

■ Aufbau

Jedes Modul umfasst in der Regel fünf bis sieben Arbeitsbögen:

- **Basismaterial:** Regelkasten und Übungen, die von allen Schülern der Lerngruppe bearbeitet werden sollten,
- zwei oder drei **differenzierende Zusatzmaterialien**,
- einen Arbeitsbogen zur **Überprüfung des Gelernten**: Kurzer Wissenscheck „Was habe ich gelernt?",
- einen **Lösungsbogen** zur Selbstkontrolle.

Eine Reihe von Modulen enthält ein Differenzierungsmaterial zum **Vergleich „Deutsch-Englisch"** (siehe Inhaltsverzeichnis). Die erworbenen Kompetenzen im Deutschen sollen auf die Fremdsprache übertragen und angewandt werden, um sprachliche Einsichten zu vertiefen und ein integratives Lernen zu ermöglichen.

■ Kompetenzschulung und strategisches Lernen

In *Punkt für Punkt – Grammatik und Stil* geht es vor allem um die Schulung der sprachlichen Kompetenz. Dies heißt vor allem: Die Schülerinnen und Schüler

- schärfen ihren Blick für Sprachliches,
- gewinnen Sicherheit im Gebrauch der grammatischen Begrifflichkeit,
- erlernen die Funktion grammatischer Regeln für das eigene Schreiben (Rechtschreibung und Aufsatz) und für die Arbeit mit Texten,
- erkennen vergleichend sprachliche Zusammenhänge zwischen der Muttersprache *Deutsch* und der Fremdsprache *Englisch*,
- erfassen Zusammenhänge zwischen sprachlicher Form, ihrer Bedeutung und Wirkung,
- erlernen Strategien zur Anwendung grammatischer Kenntnisse, zum Beispiel bei der Anwendung von Satzproben zur stilistischen Verbesserung von Texten.

Überblick:
Wortarten – Begriffe im Vergleich

Lateinische Bezeichnung	Deutsche Bezeichnung (mit Beispielen)	Englische Bezeichnung (mit Beispielen)
Nomen/Substantiv	**Namenwort/Hauptwort** (Junge, Schule, Buch)	**noun** (boy, school, book)
Artikel	**Begleiter/Geschlechtswort**	**article**
• bestimmter Artikel	• **bestimmter Begleiter** (**der** Junge, **die** Schule, **das** Buch)	**definite article** (**the** boy, **the** school, **the** book)
• unbestimmter Artikel	• **unbestimmter Begleiter** (**ein** Junge, **eine** Schule, **ein** Buch)	**indefinite article** (**a** boy, **an** uncle)
Verb	**Tätigkeitswort/Zeitwort** (essen, tun, sein)	**verb** (to eat, to do, to be, ...)
Adjektiv	**Eigenschaftswort** (freundlich, blau, klein)	**adjective** (friendly, blue, small, ...)
Pronomen	**Fürwort**	**pronoun**
• Personalpronomen	• **persönliches Fürwort** (ich, du, er, sie, es, wir, ...)	**personal pronoun** (I, you, he, she, it, we, ...)
• Possessivpronomen	• **besitzanzeigendes Fürwort** (mein, dein, ...)	**possessive pronoun** (my, your, ...)
• Demonstrativpronomen	• **hinweisendes Fürwort** (das, dies, dieses, jenes, ...)	**demonstrative pronoun** (this, that, ...)
• Relativpronomen	• **bezügliches Fürwort** (der, die, das, welcher, welche, welches)	**relative pronoun** (who, which, that)
Adverb	**Umstandswort** (immer, oft, jetzt, manchmal, heute, ...)	**adverb** (always, often, now, sometimes, today, ...)
Präposition	**Verhältniswort** (an, auf, hinter, in, zwischen ...)	**preposition** (at, on, behind, in, between, ...)
Konjunktion	**Bindewort** (und, oder, aber, als, weil, nachdem, ...)	**conjunction** (and, or, but, when, because, after, ...)
Numerale	**Zahlwort/Mengenbezeichnung** (zwei, einige, viel, viele, ...)	**numeral/quantifiers** (two, some, much, many, ...)

Modul 1: Das Nomen/Substantiv (Namenwort)

- **Nomen/Substantive** bezeichnen Lebewesen, Pflanzen, Gegenstände sowie Eigenschaften, Gedanken und Vorstellungen: der Junge, das Pferd, die Blume, das Buch, die Freundschaft, das Gefühl.
- Nomen werden immer großgeschrieben; man kann sie oft an ihren Begleitern erkennen (Nomensignale) oder die **Artikelprobe** machen: Junge → **der** Junge.
- Jedes Nomen hat in der Regel ein grammatisches Geschlecht (Genus); dieses weicht oft vom natürlichen Geschlecht ab: **die** Frau – **die** Gabel (Femininum); **der** Mann – **der** Stein (Maskulinum); **das** Buch – **das** Mädchen (Neutrum).

Damit das Nomen im Satz verschiedene Aufgaben übernehmen kann, steht es in unterschiedlichen Fällen (Kasus): **Der Junge** (1. Fall) schenkt **dem Mädchen** (3. Fall) **die Bücher** (4. Fall). Mithilfe von Fragewörtern lässt sich der Kasus erfragen:

1. Fall (Nominativ): **Der Junge** fährt Fahrrad. Frage: **Wer/Was** fährt Fahrrad? Antwort: **Der Junge**.
2. Fall (Genitiv): Das Fahrrad **des Jungen** ist neu. Frage: **Wessen** Fahrrad ist neu?
   Antwort: Das Fahrrad **des Jungen**.
3. Fall (Dativ): Er hilft **dem Jungen**. Frage: **Wem** hilft er? Antwort: **dem Jungen**.
4. Fall (Akkusativ) Sie begleitet **den Jungen**. Frage: **Wen?/Was?** begleitet sie?
   Antwort: **den Jungen**.

- Die meisten Nomen/Substantive können in der Einzahl (Singular) und in der Mehrzahl (Plural) stehen: der Mann – die Männer; das Pferd – die Pferde, das Buch – die Bücher.

1. Schreibe aus dem Wörterbandwurm alle Nomen/Substantive mit ihrem bestimmten Artikel (der, die, das) heraus.

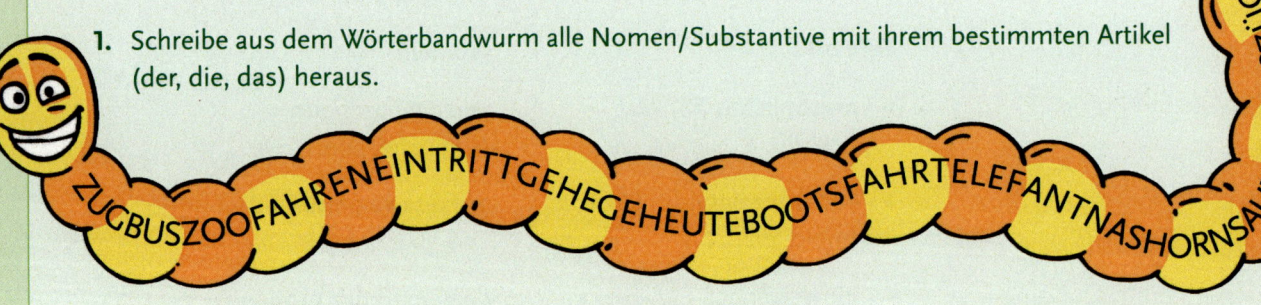

_____

_____

2. Im folgenden Text sind nur die Satzanfänge großgeschrieben. Unterstreiche die großzuschreibenden Nomen/Substantive. Mache die Artikelprobe, wenn du unsicher bist.

1 Der sohn des kamels fragt seinen vater: „Papa, warum haben wir eigentlich zwei höcker?" Der kamel-
2 vater antwortet dem kind: „Darin speichern wir die nahrung, wenn wir durch die wüste ziehen." „Und
3 warum sind unsere wimpern so lang?" „Damit uns der wind nicht den sand in die augen blasen kann,
4 wenn wir durch die wüste ziehen." „Und warum haben wir so komische füße?"
5 „Damit wir nicht im sand einsinken, wenn wir durch die wüste ziehen."
6 Darauf antwortet das kamelkind: „Und was machen wir hier im zoo?"

3. Schreibe ein Nomen mit folgendem Kasus auf, beachte die Kasusfrage.

Nominativ (wer?/was? – Zeile 1; Zeile 3) – _der Sohn;_ _____

Genitiv (wessen? – Zeile 1) – _____

Dativ (wem? – Zeile 2) – _____

Akkusativ (wen?/was? – Zeile 3) – _____

© Schöningh 978-3-14-025132-7

Das Nomen/Substantiv

1. Bilde jeweils den Plural (die Mehrzahl) der folgenden Nomen und ihrer bestimmten Artikel (Begleiter).

die Gazelle – _____, der Löwe – _____, der Elefant – _____,

das Nashorn – _____, die Giraffe – _____

2. Bilde jeweils den Singular (die Einzahl) der folgenden Nomen und Artikel.

die Tiger – _____, die Kamele – _____, die Wildschweine – _____,

die Gorillas – _____, die Eisbären – _____, die Seehunde – _____

3. Es gibt Nomen, die nur im Plural vorkommen. Unterstreiche diese Nomen; es sind fünf.

die Geschwister, die Tiere, die Leute, die Kolibris, die Eltern, die Erdmännchen, die Kängurus, die Tiger, die Stachelschweine, die Menschenaffen, die Masern, die Ferien, die Bücher

4. Es gibt Nomen (Substantive), die nur im Singular (Einzahl) vorkommen. Unterstreiche sie (sieben).

das Pferd, die Milch, das Obst, die Katze, die Pflanze, der Stein, der Regen, das Tier, der Hagel, der Frieden, das Meer, der Hunger, der Mensch, der Schnee

5. Ergänze in den Sätzen jeweils die Deklination (Beugung) des Wortes Elefant in den einzelnen Fällen.

Singular

1. Fall: wer?/was? – <u>Der Elefant</u> kommt in Asien und Afrika vor.

2. Fall: wessen? – Die Nahrung _____ _____ besteht aus Pflanzen.

3. Fall: wem? – Der Pfleger gibt _____ _____ Heu.

4. Fall: wen?/was? – Die Zoobesucher beobachten _____ _____.

Plural

1. Fall: _____ _____ fühlen sich in ihrem Gehege sehr wohl.

2. Fall: Die Haut _____ _____ ist empfindlich.

3. Fall. Die Zoobesucher schauen _____ _____ interessiert zu.

4. Fall: Die Pfleger bespritzen _____ _____ mit Wasser.

6. Ordne die Fragen den fett markierten Wörtern zu. Schreibe die entsprechende Nummer in die Klammer.

1. **Wer oder was** tut etwas? (Nominativ)
2. **Wessen** ... ist es? (Genitiv)
3. **Wem** ... jemand etwas? (Dativ)
4. **Wen oder was** ... jemand? (Akkusativ)

Die Klasse 5a (1.) macht **einen Ausflug** (   ) in den Zoo.

Plötzlich hält **Tom** (   ) **einen Gegenstand** (   ) hoch.

Er hat **die Geldbörse** (   ) **eines Zoobesuchers** (   ) gefunden.

Er (   ) übergibt **den Fund** (   ) **der Frau** (   ) an der Kasse.

Nach zwei Tagen erhält **Tom Wiedemann** (   ) **einen Brief** (   ).

Darin dankt **eine Frau** (   ) **dem Finder** (   ) mit einem Geldgeschenk für die Klassenkasse.

Modul 1: Das Nomen/Substantiv (Namenwort)

© Schöningh 978-3-14-025132-7

■ Das Nomen/Substantiv

1. Nomen (Substantive) können im Satz im Singular und Plural und in verschiedenen Fällen auftreten, das heißt: Nomen können dekliniert werden.

1. Fall (Nominativ: wer?/was?): **Der Schüler** zeigt seine Hausarbeit vor.

Frage: Wer _____ ?

Antwort: _____ .

2. Fall (Genitiv: wessen?): Das neue Buch **der Schriftstellerin** ist interessant.

Frage: _____ ?

Antwort: _____ .

3. Fall (Dativ: wem?): Tante Klara schenkt **dem Mädchen** ein schönes Kleid.

Frage: _____ ?

Antwort: _____ .

4. Fall (Akkusativ: wen?/was?): Felix bewundert **den Fußballstar**.

Frage: _____ ?

Antwort: _____ .

2. Ergänze jeweils die angegebenen Fälle der Artikel und Nomen. Beachte auch die Angabe des Falles (Kasus) und die Angabe von Singular und Plural (Numerus).

_____ füttert die Seelöwen. (Tierpfleger: Nominativ, Singular)

Das Becken _____ ist artgerecht. (Seelöwe: Genitiv, Plural)

Der Tierpfleger bringt _____ Kunststücke bei. (Seelöwe: Dativ, Plural)

Die Besucher schauen _____ der Tiere gebannt zu. (Kunststücke: Dativ, Plural)

Der Tierarzt beobachtet _____ der Tiere. (Verhalten: Akkusativ, Singular)

3. Bestimme den Kasus der markierten Ausdrücke. Schreibe die lateinische Bezeichnung des Kasus jeweils darüber: Nominativ(wer?/was?), Genitiv (wessen?), Dativ (wem?/mit wem?), Akkusativ (wen?/was?). Stelle die passenden Fragen nach dem Kasus.

Emmi ist heute **mit ihren Eltern** nach Hannover gefahren. Sie besuchen **den großen Zoo**. Zuerst fahren

Emmi und ihre Eltern mit einem Boot. Sie sehen **die Flusspferde** aus nächster Entfernung. Auch das

Gehege **der Giraffen** kann man vom Fluss aus gut sehen. Am Rande **des Wasserlaufes** schwimmen

Enten mit ihren Jungen. Nach der Bootsfahrt schauen sie **den Löwen** zu. Etwas weiter tummeln sich

drei junge Eisbären im Wasser.

Das Nomen/Substantiv

4. Die Artikel und andere Begleiter können zusammen mit dem Nomen dekliniert (gebeugt) werden. Trage jeweils die fehlenden Artikel im passenden Fall (Kasus) und im Singular oder Plural (Numerus) ein.

Der Wärter gibt _____ (Dativ, Singular) Schimpansen den Ball.

Der Orang Utan bewegt _____ (Akkusativ, Singular) Ball.

Das Gehege _____ (Genitiv, Plural) Löwen ist weiträumig und artgerecht.

5. In dem folgenden Text eines Schülers über seine Eindrücke bei einem Zoobesuch wird überdeutlich mit Nomen gearbeitet. Unterstreiche alle Nomen. Schreibe fünf Nomen im Singular und drei Nomen im Plural jeweils mit ihrem bestimmten Artikel auf.

IM ZOO
NASHORN, GNU, RENTIER, WOLF, EISBÄR, SEELÖWE.
SO VIELE TIERE AUF EINEM GELÄNDE.
ELEFANTEN UND GIRAFFEN, KOLIBRIS UND FLAMINGOS, NASHÖRNER UND FLUSSPFERDE.
DIE GEHEGE SIND GROSS UND ARTGERECHT. FAST WIE IN DER FREIEN NATUR.
DIE TIERE WIRKEN GLÜCKLICH.
AUCH WENN SIE JA EIGENTLICH EINGESPERRT SIND.

_____

_____

6. Neue Nomen (Substantive) kann man durch Zusammensetzung bilden. Bilde aus den Wörtern der beiden Wortspeicher neue Nomen; schreibe sie mit ihrem bestimmten Artikel auf.

| Eis, Zwerg, Zoo, Flachland, Riesen, Elefanten, See, Breitmaul, Dschungel |

| Ziege, Känguru, Nashorn, Tiger, Bär, Gelände, Gorilla, Gehege, Löwe |

_____

_____

_____

7. In dem folgenden Text werden neue Nomen durch Anhängen der Silbe **-er** gebildet. Schreibe alle Nomen mit ihrem bestimmten Artikel auf.

ICH SEHE FERN, ALSO BIN ICH EIN FERNSEHER.
ICH LESE, ALSO BIN ICH EIN LESER.
ICH ERFINDE, ALSO BIN ICH EIN ERFINDER.
ICH RADLE, ALSO BIN ICH EIN RADLER.
ICH ZEICHNE, ALSO BIN ICH EIN ZEICHNER.
ICH ARBEITE, ALSO BIN ICH EIN ARBEITER.
ICH DENKE, ALSO BIN ICH EIN DENKER.
ICH LEBE, ABER ICH BIN KEINE LEBER.

Norbert Höchtlen

(aus: In allen Häusern, wo Kinder sind. Ein Ellermann-Hausbuch, Ellermann Verlag, München 1975)

Eine Zeile fällt aber aus dem Rahmen …

der Fernseher, _____

_____

© Schöningh 978-3-14-025132-7

Deutsch-Englisch: Das Nomen/noun

1. Im Englischen heißt der bestimmte Artikel immer the. Es wird also nicht nach grammatischem Geschlecht wie im Deutschen unterschieden. Gib in den Klammern die deutsche Bedeutung an.

the book (_____), the boy (_____), the school (_____).

Der unbestimmte Artikel heißt **a** oder **an**:

a man (_____)   an apple (_____)

an uncle (_____)   an old book (_____).

2. Der amerikanische Schriftsteller Mark Twain stellt im folgenden Text Überlegungen über das grammatische Geschlecht der Nomen in der deutschen Sprache an. Schreibe zehn der Nomen auf, die er nennt und deren Geschlecht er höchst merkwürdig findet. Unterstreiche jeweils den bestimmten Artikel.

Im Deutschen hat ein Fräulein kein Geschlecht, wohl aber ein Kürbis. Welch übermäßige Hochachtung vor dem Kürbis und welch kaltherzige Missachtung der unverheirateten jungen Dame sich hier verrät! Ein Baum ist männlich, seine Knospen aber sind weiblich und seine Blätter sächlich; Pferde sind geschlechtslos, Hunde sind männlich, Katzen weiblich; Mund, Hals, Busen, Ellenbogen, Finger, Nägel, Füße und Rumpf eines Menschen sind männlichen Geschlechts; was auf dem Hals sitzt, ist entweder männlich oder sächlich [...]. In Deutschland haben alle Frauen entweder einen männlichen „Kopf" oder ein geschlechtsloses „Haupt". Nase, Lippen, Schultern, Brust, Hände, Hüften und Zehen eines Menschen sind weiblich, und sein Haar, seine Ohren, Augen, Beine, Knie, sein Kinn, sein Herz und sein Gewissen haben gar kein Geschlecht.

(aus: Mark Twain, Zu Fuß durch Europa, 3. Auflage, Göttingen 1967)

<u>das</u> Fräulein, <u>der</u> Kürbis, <u>der</u> Baum, _____

_____

3. Auch im Englischen unterscheidet man bei Nomen Singular und Plural. Die Pluralformen sind manchmal unregelmäßig. Ergänze jeweils die Leerstellen.

Singular	Plural
one girl	two girls
one name	two _____
one house	two _____
one _____	two cages
one child	two children
one _____	two men

> Kleine Übersetzungshilfe:
> ark = Arche
> wife = Ehefrau
> are counting = zählen
> mice = Mäuse
> I told you = ich trug dir auf
> of each species = von jeder Tiergattung
> yesterday = gestern

4. Unterstreiche im folgenden Witz die Pluralformen.

On Noah's ark. Noah and his wife are counting the animals.
Noah: Two elephants?
Noah's wife: Yes.
Noah: Two mice.
Noah's wife: Yes.
Noah: Two rabbits?
Noah's wife: No, twenty-six rabbits.
Noah: But I told you to find two of each species.
Noah's wife: Yes, but that was yesterday.

Kurzer Wissenscheck

Das Nomen/Substantiv (Namenwort)

1. Ich kenne mich mit der Wortart Nomen aus.

Kreuze die richtigen Aussagen an.

- ☐ 1. Nomen bezeichnen Lebewesen, Pflanzen, Gegenstände und Vorstellungen.
- ☐ 2. Nomen werden nicht immer großgeschrieben.
- ☐ 3. Manche Nomen kann man an bestimmten Endungen erkennen.
- ☐ 4. Mit der Artikelprobe kann man herausfinden, welche Wörter zur Wortart Nomen gehören.
- ☐ 5. Die meisten Nomen können einen Singular und einen Plural bilden.
- ☐ 6. Die meisten Nomen können nur einen Singular bilden.
- ☐ 7. Im Satz kann das Nomen in drei verschiedenen Fällen stehen.
- ☐ 8. Im Satz kann das Nomen in vier verschiedenen Fällen stehen.

2. Ich kann Nomen von anderen Wortarten unterscheiden.

Unterstreiche die Nomen. Mache ggf. die Artikelprobe (Schule – die Schule).

SIE LAUFEN, ER RUFT, HELL, PAUSE, MUSIK, ER LERNTE, SCHULE, LEHRER, BEIM, HEUTE, KLASSEN-RAUM, NIE, MEIN, HÄUFIG, UNTERRICHT, PHYSIK, LUSTIG, FREUNDLICH, FREUND

3. Ich kann den Kasus (Fall) von Nomen im Satz mithilfe von Kasusfragen bestimmen.

Erfrage die unterstrichenen Ausdrücke jeweils mithilfe der passenden Kasusfrage (Nominativ: wer?/was?, Genitiv: wessen?, Dativ: wem?, Akkusativ: wen?/was?).
Schreibe den richtigen Kasus jeweils darunter.

<u>Der Fußballspieler</u>   übergibt   <u>dem Spielführer</u>   <u>der Mannschaft</u>   <u>den Wimpel</u>.

_____

4. Ich kann den Singular und Plural von Nomen und ihren bestimmten Artikeln bestimmen.

Bilde jeweils Singular oder Plural von Artikel und Nomen.

Singular	Plural
der Ball	____ _____
____ _____	die Spiele
der Zuschauer	____ _____
____ _____	die Tore

Lösungen

Das Nomen/Substantiv (Namenwort)

Basismaterial (S. 6)

1. der Zug, der Bus, der Zoo, der Eintritt, das Gehege, die Bootsfahrt, der Elefant, das Nashorn
2. Zu unterstreichen sind: der <u>Sohn</u>, des <u>Kamels</u>, seinen <u>Vater</u>, der <u>Papa</u>, die <u>Höcker</u>, der <u>Kamelvater</u>, dem <u>Kind</u>, die <u>Nahrung</u>, die <u>Wüste</u>, unsere <u>Wimpern</u>, der <u>Wind</u>, den <u>Sand</u>, die <u>Augen</u>, die <u>Wüste</u>, komische <u>Füße</u>, im <u>Sand</u>, die <u>Wüste</u>, das <u>Kamelkind</u>, im <u>Zoo</u>
3. **Nominativ:** Z. 3: der Wind (wer?/was?); **Genitiv:** des Kamels (wessen?); **Dativ:** dem Kind (wem?); **Akkusativ:** den Sand (wen?/was?)

Differenzierungsmaterial 1 (S. 7)

1. die Gazellen, die Löwen, die Elefanten, die Nashörner, die Giraffen
2. der Tiger, das Kamel, das Wildschwein, der Gorilla, der Eisbär, der Seehund
3. die Geschwister, die Leute, die Eltern, die Masern, die Ferien
4. die Milch, das Obst, der Regen, der Hagel, der Frieden, der Hunger, der Schnee
5. **Singular:** Die Nahrung **des Elefanten** ..., Der Pfleger gibt **dem Elefanten** ..., Die Zoobesucher beobachten **den Elefanten**.
   Plural: Die Elefanten ..., Die Haut **der Elefanten** ..., Die Zoobesucher schauen **den Elefanten** ..., Die Pfleger bespritzen **die Elefanten** ...
6. Die Klasse 5 a (1.), einen Ausflug (4.), Tom (1.), einen Gegenstand (4.), die Geldbörse (4.), eines Zoobesuchers (2.), Er (1.); den Fund (4.), der Frau (3.), Tom Wiedemann (1.), einen Brief (4.), eine Frau (1.), dem Finder (3.).

Differenzierungsmaterial 2 (S. 8 f.)

1. 1. Fall – Frage: **Wer** zeigt seine Hausarbeit vor? Antwort: **Der Schüler**
   2. Fall – Frage: **Wessen** Buch ist interessant? Antwort: Das Buch **der Schriftstellerin**
   3. Fall – Frage: **Wem** schenkt Tante Klara ein schönes Kleid? Antwort: **dem Mädchen**
   4. Fall – Frage: **Wen** bewundert Felix? Antwort: **den Fußballstar**
2. **Der Tierpfleger** füttert die Seelöwen. Das Becken **der Seelöwen** ist artgerecht. Der Tierpfleger bringt **den Seelöwen** Kunststücke bei. Die Besucher schauen **den Kunststücken** der Tiere gebannt zu. Der Tierarzt beobachtet **das Verhalten** der Tiere.
3. Emmi (Nominativ); mit ihren Eltern (Dativ); den großen Zoo (Akkusativ: wen?/was?); Emmi und ihre Eltern (Nominativ); die Flusspferde (Akkusativ); der Giraffen (Genitiv); des Wasserlaufes (Genitiv); Enten (Nominativ); den Löwen (Dativ); drei junge Eisbären (Nominativ)
4. **dem** Schimpansen, **den** Ball, **der** Löwen
5. Zu unterstreichen sind: Zoo, Nashorn, Gnu, Rentier, Wolf, Eisbär, Seelöwe, Tiere, Gelände, Elefanten, Giraffen, Kolibris, Flamingos, Nashörner, Flusspferde, Gehege, Natur, Tiere.
   Fünf Nomen im Singular: der Zoo, das Nashorn, das Gnu, das Rentier, der Wolf;
   drei Nomen Im Plural: die Tiere, die Elefanten, die Giraffen
6. der Eisbär, die Zwergziege, das Zoogelände, der Flachlandgorilla, das Riesenkänguru, das Elefantengehege, der Seelöwe, das Breitmaulnashorn, das Dschungelgelände
7. der Fernseher, der Leser, der Erfinder, der Radler, der Zeichner, der Arbeiter, der Denker, die Leber (Das Wort Leber weicht vom Schema ab; es ist nicht abgeleitet von dem Wort leben.)

Differenzierungsmaterial 3: Deutsch-Englisch (S. 10)

1. das Buch, der Junge, die Schule
   ein Mann, ein Onkel, ein Apfel, ein altes Buch
2. die Knospe, das Blatt, das Pferd, der Hund, die Katze, der Mund, der Hals, der Busen, der Ellenbogen, der Finger
3. one name – **two names**, one house – **two houses**, **one cage** – two cages, **one man** – two men
4. animals, elephants, mice, rabbits

Kurzer Wissenscheck (S. 11)

1. Richtig sind 1., 3., 4., 5., 8.
2. die Pause, die Musik, die Schule, der Lehrer, der Klassenraum, der Unterricht, die Physik, der Freund
3. Der Fußballspieler = Nominativ; dem Spielführer = Dativ; der Mannschaft = Genitiv; den Wimpel = Akkusativ
4. der Ball – die Bälle, das Spiel – die Spiele, der Zuschauer – die Zuschauer, das Tor – die Tore

© Schöningh 978-3-14-025132-7

Modul 2: Das Verb (Tätigkeitswort)

- Mit dem Verb (Tätigkeitswort, Tunwort, Zeitwort) kann man Tätigkeiten, Vorgänge und Zustände bezeichnen: ich lese, es regnet, er schläft.
- Verben werden kleingeschrieben.
- Das Verb kann im Satz seine Form verändern: es kann konjugiert (gebeugt) werden. Dabei werden aus dem Infinitiv (z. B. rufen) die Personalformen (im Singular und Plural) gebildet:
  ich laufe, du läufst, er läuft/sie läuft/es läuft, wir laufen, ihr lauft, sie laufen.
- Die deutsche Bezeichnung *Zeitwort* deutet darauf hin, dass man mit einem Verb im Satz Zeitangaben machen kann. Mit den Tempusformen des Verbs kann sich der Sprecher auf gegenwärtiges, vergangenes und zukünftiges Geschehen beziehen:
  - Bezug auf die **Gegenwart: Präsens** (Gegenwartsform): ich rufe
  - Bezug auf die **Vergangenheit:**
    Perfekt (vollendete Gegenwart): ich habe gerufen, ich bin gekommen
    Präteritum (Vergangenheitsform): ich erzählte
    Plusquamperfekt (vollendete Vergangenheit): ich hatte gerufen; ich war gekommen
  - Bezug auf die **Zukunft: Futur** (Zukunftsform): ich werde erzählen

1. Kennzeichne die folgenden Verbformen. Schreibe die entsprechenden Abkürzungen in die Klammer:
   Präsens (Präs.); Futur (F.); Perfekt (Perf.); Präteritum (Prät.); Plusquamperfekt (Plus.)

   er ist gelaufen (   ), wir haben gegessen (   ), du wirst verreisen (   ),

   du kommst (   ), ihr geht (   ), er hatte vergessen (   ), sie kamen (   ),

   sie waren gerannt (   )

2. Schreibe zu den beiden Verben *rufen* und *kommen* wie im Beispiel die angegebene Zeitform auf.

   Präsens: ich rufe, _____

   Präteritum: er _____

   Futur: wir _____

   Perfekt: sie haben _____ , sie sind _____

3. Schreibe zu den beiden folgenden Verben die angegebenen Tempusformen auf: geben, verlieren.

   3. Person, Singular, Präsens: er gibt, _____

   2. Person, Singular, Präteritum: du _____

   3. Person, Plural, Futur: sie _____

   1. Person, Singular, Plusquamperfekt: _____

4. In dem folgenden Zungenbrecher sind Nomen und Verben großgeschrieben.
   Schreibe den Text neu auf und unterscheide dabei nach Nomen (großgeschrieben: 3) und Verben (kleingeschrieben: 2).

   Wenn FLIEGEN hinter FLIEGEN FLIEGEN, FLIEGEN FLIEGEN hinter FLIEGEN her.

   _____

   _____

Das Verb

1. Ersetze die markierten Verbformen im Präsens (Gegenwartsform) jeweils durch eine Verbform im Präteritum (Vergangenheitsform). Schreibe die neue Verbform in die Klammer.

Ein Mann aus Serbien verdankt dem Handy sein Leben. Er **wagt** (_____) sich

unbewaffnet in eine einsame Gegend und **wird** (_____) von einem Wolfsrudel

verfolgt. Der Mann **rettet** (_____) sich vor den Tieren auf einen Baum und **ruft**

(_____) per Handy Freunde aus seinem Dorf herbei. Eine Gruppe bewaffneter Jäger

kann (_____) schließlich den verängstigten Mann befreien.

2. Mit der Zeitform Futur kannst du ein zukünftiges Geschehen ankündigen oder anzeigen, was in der Zukunft sein oder geschehen wird. Bilde mit dem Wortmaterial Sätze; das Verb soll in der Zeitform Futur stehen. Unterstreiche die zwei Teile dieser Form.

- Fußballspiel   er   teilnehmen   nicht

  <u>Er wird nicht am Fußballspiel teilnehmen.</u> _____

- wir   Endspiel   bestimmt   anschauen

  _____

- auf   jeden   Fall   unsere   Mannschaft   gewinnen   Spiel

  _____

- wir   tolle   Party   feiern

  _____

3. Unterstreiche im folgenden Text die Verbformen in der Tempusform Futur. Es sind acht. Denke daran, dass diese Zeitform aus zwei Teilen besteht.

Horoskop für Leute, die im Sternzeichen *Stier* geboren sind

Sie sind schweigsam. Nur in der Arena werden Sie sich so richtig wohlfühlen. Sie werden allerdings manchmal etwas auf die Hörner bekommen. Aber das wird Sie sicher nicht weiter aufregen. In manchen Situationen werden sie vielleicht einmal zu leichtsinnig sein. Dann wird man sie leicht einholen. Überprüfen Sie alle Angebote, die man Ihnen machen wird. Vielleicht werden demnächst einmal Augenprobleme auftauchen. Unser Rat: Es wird Ihnen gut gehen, wenn sie auch weiterhin geradeaus stieren.

4. Erzählungen und Märchen werden meistens im Präteritum erzählt, weil es um die Darstellung einer bereits früher abgeschlossenen Handlung geht.
Setze die Grundformen der Verben, die in den Klammern stehen, in die Tempusform Präteritum (Vergangenheitsform).

Vor unglaublich langer Zeit (leben) _____ einmal am Rande eines riesigen Waldes ein

Mädchen mit dem schönen Namen Rosalinda. Dieses Mädchen (sein) _____ die

Tochter eines einfachen Holzfällers. Ihre große Schönheit (verzaubern) _____ alle, die

sie (erblicken) _____ .

Der dunkle Wald (gehören) _____ einem finsteren bösen Zauberer. Dieser (wollen)

_____ Rosalinda unbedingt heiraten. Das Mädchen (verlieben) _____

sich aber in einen schönen, jungen Prinzen ...

Modul 2: Das Verb (Tätigkeitswort)

© Schöningh 978-3-14-025132-7

Modul 2: Das Verb (Tätigkeitswort)

■ Das Verb

1. In dem folgenden Text sind Verben im Präteritum (Vergangenheitsform) falsch konjugiert (gebeugt). Unterstreiche diese Formen. Korrigiere sie, indem du darüberschreibst; nutze dazu die richtigen Verbformen für die einzelnen Strophen im Wortspeicher.

Als ich noch zur Schule gehte, zählte ich bald zu den Schlauen.

Doch ein Zeitwort recht zu biegen, bringte immer Furcht und Grauen.

Wenn der Lehrer mich ansehte, sprechte ich gern falsche Sachen,

für die andern Kinder alle gebte das meist was zum Lachen.

Ob die Sonne fröhlich scheinte oder ob der Regen rinnte,

wenn der Unterricht beginnte, sitzt' ich immer in der Tinte.

Bruno Horst Bull

(ders.: Ein schlechter Schüler, aus: Eine Katze ging ins Wirtshaus, W. Heyne Verlag, München 1972)

rann, saß, schien, begann, ging, brachte, sprach, ansah, gab

2. In dem folgenden Fantasiegedicht gibt es drei Verben in der Zeitform Präsens, die es in unserer Sprache nicht gibt. Unterstreiche sie.

Gruselett

Der Flügeflagel gaustert   die rote Fingur plaustert,

durchs Wirwaruwolz,   und grausig gutzt der Golz.

Christian Morgenstern

(aus: ders.: Galgenlieder. Der Ginganz, Insel Verlag, Frankfurt am Main 1938)

3. Setze die Verben in den Infintiv (Grundform). _____

4. Setze die Verben in die Zeitformen Perfekt (vollendete Gegenwart) und Präteritum (Vergangenheit).

Perfekt: _er hat gegaustert,_ _____

Präteritum: _____

5. Setze im folgenden Zeitungsbericht die Infinitive (Klammer) in die Tempusform Präteritum.

Jogger begegnet Löwen

Ein Jogger in Norddeutschland (erleben) _____ etwas Eigenartiges. Im Wald (begeg-

nen) _____ er einem ausgewachsenen Löwen. Als das Raubtier den Jogger (erblicken)

_____, (verschwinden) _____ es sofort in entgegengesetzter Rich-

tung. Daraufhin (suchen) _____ bewaffnete Polizisten und Forstleute bis zum späten

Abend nach dem Tier. Die Suche (bleiben) _____ jedoch erfolglos. Der Jogger (beste-

hen) _____ fest auf seiner Meinung, dass er einen Löwen gesehen hatte. Möglicher-

weise (sein) _____ es nur eine größere Katze.

Modul 2: Das Verb (Tätig<eitswort)

■ Das Verb

1. In Erzählungen wird in der Regel die Tempusform *Präteritum* gebraucht, weil diese Form anzeigt, was vergangen und abgeschlossen ist. In dem folgenden Text, einer Nacherzählung aus einem Abenteuer-roman, lässt der Dichter seine Hauptfigur, einen Seemann namens Robinson Crusoe, erzählen. Dieser strandete auf einer einsamen, unbewohnten Insel und lebte dort viele Jahre allein.
Unterstreiche die Verben in der Tempusform *Präsens*. Ersetze sie durch die Zeitform *Präteritum*. Schreibe darüber.

schwanden

Unsere Hoffnungen <u>schwinden</u> bald. Wir geraten in ein neues Unwetter, das unser Schiff mit unvor-

stellbarer Gewalt nach Westen treibt. In diese abgelegene Gegend verliert sich kaum ein Schiff. Die

Wilden bringen, wie es heißt, jeden Fremden erbarmungslos um. Eines Morgens, während der Sturm

noch immer in unseren zerfetzten Segeln heult und ich mutlos in der Kajüte hocke, ruft der Matrose im

Mastkorb: „Land in Sicht!"

2. Gebrauchsanweisungen werden oft im Präsens (Gegenwartsform) verfasst, weil es um eine immer wieder nachzuvollziehende Handlung geht. Setze die Infinitive in der Klammer in die Zeitform *Präsens*.

Du (geben) _____ etwas Fett in die Pfanne und (lassen) _____ es heiß

werden. Dann (schneiden) _____ du Schinkenspeck zu kleinen Würfeln und (lassen)

_____ sie in der Pfanne braten, bis sie ein wenig braun sind. Danach (schlagen)

_____ du ein oder zwei Eier auf und (geben) _____ sie zu dem Speck

in der Pfanne. Du (stellen) _____ den Herd auf mittlere Hitze und (vermischen)

_____ Ei und Speckwürfel. Zum Schluss (streuen) _____ du etwas

Salz darüber. Dein Rührei (sein) _____ fertig.

3. Das Plusquamperfekt wird in der Regel im Zusammenhang mit dem Präteritum (Vergangenheitsform) gebraucht. Es zeigt an, was bereits vor den bereits vergangenen Ereignissen passiert ist:
Sie **merkte** (Präteritum), dass sie etwas falsch **gemacht hatte** (Plusquamperfekt).
Setze für die Infinitive in der Klammer die Verbform Präteritum und die Verbform Plusquamperfekt ein.

Als er in die Klasse (kommen) _____, (merken) _____ er plötzlich:

Er (vergessen) _____ sein Deutschbuch _____.

4. Unterstreiche im folgenden Text die Tempusform Präteritum in Blau und die Tempusform Plusquamperfekt in Rot. Beachte, dass das Plusquamperfekt aus zwei Teilen besteht.

Retter ertrunken

Ein zwölf Jahre alter Junge hatte im Ithalu-Fluss im Norden Südafrikas drei Mädchen gerettet und ertrank dann selber. Rudi G. hatte bemerkt, dass seine drei Freundinnen von sieben, acht und zehn Jahren in Panik geraten waren. Er schwamm zu ihnen und zog sie auf sicheren Boden. Aus noch ungeklärten Gründen hatte ihn eine plötzlich auftretende Strömung abgetrieben und er ertrank.

© Schöningh 978-3-14-025132-7

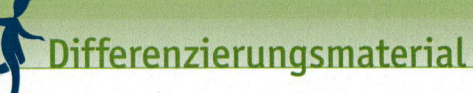

Modul 2: Das Verb (Tätigkeitswort)

5. Wenn du anschaulich und lebendig erzählen willst, kommt es vor allem auf die richtigen Verben an. So gibt es in der Erzählung für das Wort *sagen* etliche andere Ausdrücke.
Ordne die folgenden Verben aus dem Wörterspeicher zum Wortfeld *sagen* in die Tabelle ein.

flüstern, fragen, schreien, brüllen, auffordern, antworten, erwidern, wispern, murmeln, entgegnen, widersprechen, schimpfen, brummen, wimmern, zurufen

Lautstärke	Gefühle ausdrücken	im Gespräch reagieren

6. Suche noch fünf weitere Verben zu dem Wortfeld *gehen*.

laufen, rennen, humpeln,

7. Ordne die Verben bestimmten Adjektiven zu, um möglichst anschauliche Ausdrücke zu erhalten.

Verben: lachen, den Kopf schütteln, nachdenken, plaudern, dreinschauen, näherkommen, in der Ecke stehen, niedersinken, sich umdrehen, weggehen, aufschreien, blicken

Adjektive: zweifelnd, geistreich, angestrengt, verdutzt, enttäuscht, vorsichtig, beleidigt, erschrocken, abrupt, erschöpft, traurig, herzhaft

herzhaft lachen,

8. Auch das Verb *machen* ist ein Allerweltswort und kann oft durch anschaulichere Ausdrücke ersetzt werden. Finde treffendere Verben.

die Küche sauber machen – die Küche säubern

die Brote machen –

Kaffee machen –

die Schuhe sauber machen –

einen Bleistiftstrich wegmachen –

einen Weg breiter machen –

eine Hose kürzer machen –

die Tür aufmachen –

den Fernseher anmachen –

eine Schraube losmachen –

eine Flasche leer machen –

Kurzer Wissenscheck

Das Verb (Tätigkeitswort)

1. Ich kenne Einzelheiten zur Wortart Verb.

Kreuze die richtigen Aussagen an.

☐ 1. Mit dem Verb bezeichnet man Tätigkeiten, Vorgänge und Zustände.

☐ 2. Mit dem Verb bezeichnet man Dinge, Pflanzen, Lebewesen und Vorstellungen.

☐ 3. Die deutsche Bezeichnung *Zeitwort* deutet daraufhin, dass man mit einem Verb Zeitangaben machen kann.

☐ 4. In Erzählungen und Märchen wird in aller Regel die Tempusform *Präsens* verwendet.

☐ 5. In Erzählungen, Märchen und Zeitungsberichten wird in aller Regel die Tempusform *Präteritum* verwendet.

☐ 6. Das Verb verändert im Satz nie seine Form.

☐ 7. Das Verb kann im Satz seine Form verändern.

☐ 8. In Gebrauchsanweisungen und Beschreibungen von Tieren und Personen wird in der Regel die Tempusform *Präsens* benutzt.

2. Ich kann unterscheiden zwischen dem Infinitiv des Verbs und der Personalform des Verbs.

Trage jeweils die andere Form ein.

Infinitiv des Verbs

vergessen

_____

rufen

_____

Personalform des Verbs

ich _____ (Tempusform Präsens)

sie liefen

er _____ (Tempusform Präteritum)

sie sind gerannt

3. Ich kann die Tempusformen des Verbs bestimmen.

Unterstreiche in den Sätzen die Verbformen; manche haben zwei Teile. Schreibe die Tempusform in die Klammer: Präsens (Präs.), Präteritum (Prät.), Futur (F.), Perfekt (Perf.), Plusquamperfekt (Plus.).

Ben, Emmi und Moritz werden sich morgen treffen. (   )

Sie hatten sich für heute verabredet. (   )

Ben kam eine halbe Stunde zu spät. (   ) Er war um acht Uhr von zu Hause aufgebrochen. (   )

Emmi ist nicht gekommen. (   )

Sie hat das Treffen vergessen. (   )

© Schöningh 978-3-14-025132-7

Lösungen

Das Verb (Tätigkeitswort)

Basismaterial (S. 14)

1. er ist gelaufen (Perf.), wir haben gegessen (Perf.), du wirst verreisen (F.), du kommst (Präs.), ihr geht (Präs.), er hatte vergessen (Plus.), sie kamen (Prät.), sie waren gerannt (Plus.)
2. **Präsens:** ich rufe, ich komme; **Präteritum:** er rief, er kam; **Futur:** wir werden rufen, wir werden kommen; **Perfekt:** sie haben gerufen, sie sind gekommen
3. er gibt, er verliert; du gabst, du verlorst; sie werden geben, sie werden verlieren; ich hatte gegeben, ich hatte verloren
4. Wenn Fliegen hinter Fliegen fliegen, fliegen Fliegen hinter Fliegen her.

Differenzierungsmaterial 1 (S. 15)

1. wagte, wurde, rettete, rief, konnte
2. Wir <u>werden</u> uns das Endspiel bestimmt <u>anschauen</u>. Unsere Mannschaft <u>wird</u> auf jeden Fall das Spiel <u>gewinnen</u>. Wir <u>werden</u> eine tolle Party <u>feiern</u>.
3. <u>werden</u> ... <u>wohlfühlen</u>; <u>werden</u> ... <u>bekommen</u>; <u>wird</u> ... <u>aufregen</u>; <u>werden</u> ... <u>sein</u>; <u>wird</u> ... <u>einholen</u>; ... <u>machen</u> <u>wird</u>; <u>werden</u> ... <u>auftauchen</u>; <u>wird</u> ... <u>gehen</u>
4. lebte, war, verzauberte, erblickten, gehörte, wollte, verliebte

Differenzierungsmaterial 2 (S. 16)

1. gehte (ging), bringte (brachte), ansehte (ansah), sprechte (sprach), gebte (gab), scheinte (schien), rinnte (rann), beginnte (begann), sitzt' (saß)
2. gaustert, plaustert, gutzt
3. gaustern, plaustern, gutzen
4. **Perfekt:** er hat gegaustert, er hat geplaustert, er hat gegutzt/**oder:** er ist geplaustert, er ist gegutzt
   Präteritum: er plausterte, er gausterte, er gutzte
5. erlebte, begegnete, erblickte, verschwand, suchten, blieb, bestand, war

Differenzierungsmaterial 3 (S. 17 f.)

1. <u>geraten</u> (gerieten), <u>treibt</u> (trieb), <u>verliert</u> (verlor), <u>bringen</u> ... <u>um</u> (brachten ... um), <u>heißt</u> (hieß), <u>heult</u> (heulte), <u>hocke</u> (hockte), <u>ruft</u> (rief)
2. gibst, lässt, schneidest, lässt, schlägst, gibst, stellst, vermischst, streust, ist
3. Als er in die Klasse kam, merkte er plötzlich: Er hatte sein Deutschbuch vergessen.
4. hatte ... gerettet (Plusquamperfekt), ertrank (Präteritum)/hatte bemerkt (Plusquamperfekt), geraten waren (Plusquamperfekt)/schwamm (Präteritum), zog (Präteritum)/hatte ... abgetrieben (Plusquamperfekt), ertrank (Präteritum)
5. **Lautstärke:** flüstern, schreien, brüllen, wispern, murmeln, zurufen
   Gefühle ausdrücken: brüllen, schimpfen, brummen, wimmern
   Im Gespräch reagieren: fragen, auffordern, antworten, erwidern, entgegnen, widersprechen
6. Beispiele: spazieren, stolzieren, eilen, trippeln, schlurfen
7. Beispiele: zweifelnd den Kopf schütteln, angestrengt nachdenken, geistreich plaudern, verdutzt dreinschauen, vorsichtig näherkommen, traurig in der Ecke stehen, erschöpft niedersinken, sich abrupt umdrehen, beleidigt weggehen, erschrocken aufschreien, enttäuscht blicken

8. die Brote schmieren, Kaffee kochen, die Schuhe putzen, einen Bleistiftstrich ausradieren, einen Weg verbreitern, eine Hose kürzen, die Tür öffnen, den Fernseher anstellen, eine Schraube losdrehen, eine Flasche austrinken

Kurzer Wissenscheck (S. 19)

1. Richtig sind: 1., 3., 5., 7., 8.
2. vergessen – ich vergesse; laufen – sie liefen; rufen – er rief, rennen – sie sind gerannt
3. werden sich ... treffen (F.); hatten ... verabredet (Plus.); kam (Prät.), war ... aufgebrochen (Plus.); ist nicht gekommen (Perf.); hat ... vergessen (Perf.)

© Schöningh 978-3-14-025132-7

Modul 3: Das Adjektiv (Eigenschaftswort)

- Adjektive (Eigenschaftswörter) geben die Eigenschaften und Merkmale von Personen, Dingen, Tätigkeiten an: Corinna singt ein **schönes** Lied. Corinna singt **schön**.
- Adjektive lassen sich zusammen mit dem Nomen, das sie begleiten, **deklinieren** (beugen):
  Nominativ (1. Fall): das nette Kind
  Genitiv (2. Fall): des netten Kindes
  Dativ (3. Fall): dem netten Kind
  Akkusativ (4. Fall): das nette Kind
- Die meisten Adjektive kann man **steigern**: **Positiv** (Grundstufe): lang;
  Komparativ (Vergleichsstufe): länger, **Superlativ** (Höchststufe): am längsten.
- Beim **Vergleich von Eigenschaften** steht nach der Grundstufe **wie**, nach der Vergleichsstufe **als**: genauso groß **wie** mein Bruder; größer **als** mein Bruder.

Es gibt Adjektive; die sich nicht steigern lassen: viereckig, rund, tot.

1. In der Wörterschlage stehen acht Adjektive. Schreibe sie heraus.

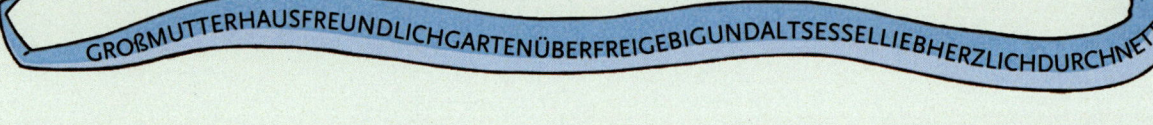

GROSSMUTTERHAUSFREUNDLICHGARTENÜBERFREIGEBIGUNDALTSESSELLIEBHERZLICHDURCHNETTGÜTIGKRANKSCHÖN

_____

_____

2. Unterstreiche im folgenden Text alle Adjektive.

Großvater

Mein Großvater ist nicht besonders groß gewachsen. Sein hohes Alter von 78 Jahren sieht man ihm nicht an. Auch der volle Haarwuchs trägt dazu bei, dass er jünger wirkt, als er in Wirklichkeit ist. Großvater trägt einen weißen Backenbart. Er hat eine silberfarbene Brille. Die blauen Augen in seinem hageren Gesicht stechen besonders hervor. Mein Großvater ist verständnisvoll und großzügig. Da er mal ein begeisterter Lehrer war, hilft er mir bereitwillig bei den Hausaufgaben.

3. Schreibe die Adjektive in nicht deklinierter und nicht gesteigerter Form auf.

groß, hoch, _____

_____

4. Setze die Adjektive aus dem Speicher der Reihe nach in die Lücken ein. Alle Adjektive müssen, bis auf eine Ausnahme, im Satz verändert werden.

Maja trägt bei der Karnevalsparty ein _____, _____ Kleid. Um die

Hüfte hat sie sich eine _____, _____ Schärpe gebunden. Ihre

_____, _____ Zöpfe sind mit _____ Schleifen zusam-

mengebunden. Auf dem Kopf trägt sie eine _____ Krone. Maja geht _____

nach vorn und erzählt ein _____ Stück aus einem _____ Märchen.

Wer das Märchen zuerst erkannt hat, erhält eine _____ Belohnung.

| lang, gelb | breit, golden | lang, blond | rot | klein | langsam | kurz | bekannt | süß |

Das Adjektiv

1. Die meisten Adjektive lassen sich steigern. Ergänze die Liste.

Positiv (Grundstufe)	Komparativ (Vergleichsstufe)	Superlativ (Höchststufe)
klug	_____	_____
gut	besser (als)	_____
_____	höher (als)	_____
schön	_____	_____
dick	_____	_____
gern	_____	am liebsten

2. Setze die Adjektive (in der Klammer) in der richtigen Steigerungsstufe ein. Beachte die Vergleichswörter: genauso klug wie, klüger als, am klügsten, der klügste ...

Diese Mathearbeit war _____ _____ die letzte. (schwer)

Bahire war beim Sportfest die _____ Läuferin. (schnell)

Nils hat die _____ Note in der Englischarbeit gehabt. (gut)

Julia ist in Mathe genau so _____ _____ in Deutsch. (stark)

Armin springt _____ _____ Nils. (weit)

3. Manche Adjektive lassen sich nicht steigern, weil sie bereits etwas Endgültiges oder die Höchststufe ausdrücken. Unterstreiche die Adjektive, die sich nicht mehr steigern lassen.

groß, super, tot, jung, blütenweiß, alt, dreieckig, schmal, hoch, uralt, kühl, warm, stumm, ganz, hart, einzigartig, riesengroß, steinhart

4. Durch Vergleich werden Adjektive anschaulicher. Dies kannst du beim Schreiben eigener Texte berücksichtigen. Formuliere Vergleiche mithilfe des Wortspeichers.

schwarz wie _____, schnell wie _____, rot wie _____,

dumm wie _____, stark wie _____, dünn wie _____,

listig wie _____, leicht wie _____, kalt wie _____.

der Blitz, die Nacht, eine Feder, ein Bär, Blut, ein Fuchs, ein Strick, Eis, Bohnenstroh

5. Besonders ausdrucksstarke Adjektive kannst du bilden, wenn du Adjektive mit einem passenden Nomen verbindest. Bilde wie im Beispiel neue Adjektive mithilfe der beiden Wortspeicher.

schnell, glatt, hoch, schön, leicht, klar, groß, rot, stark, schwarz

Spiegel, Blitz, Bären, Haus, Wunder, Feuer, Glas, Kinder, Riesen, Pech

_____

_____

_____

Modul 3: Das Adjektiv (Eigenschaftswort)

© Schöningh 978-3-14-025132-7

Das Adjektiv

1. In dem folgenden Fantasietext stehen fünf Adjektive. Unterstreiche sie.

Der Zipferlake

Verdaustig war's, und glasse Wieben
Rotterten gorkicht im Gemank;
Gar elump war der Pluckewank,
Und die gabben Schweisel friesen.

Lewis Carroll

(„Der Zipferlake", aus: Lewis Caroll, Alice im Wunderland. Aus dem Englischen von Christian Enzensberger, S. 30 f. © der deutschsprachigen Ausgabe Insel Verlag Frankfurt am Main 1963. Alle Rechte bei und vorbehalten durch Insel Verlag Berlin.)

2. Trage die Adjektive in die folgende Liste ein. Schreibe das entsprechende Verb und Nomen mit auf.

Adjektiv kennzeichnet ein Verb genauer (2)   **Adjektiv kennzeichnet ein Nomen genauer (3)**

_____   _____

3. Setze die Adjektive im Wortspeicher der Reihe nach in die Lücken ein. Achte darauf, welche Adjektive du verändern (deklinieren/beugen) musst, damit sie im Satz zum Nomen passen.

Petrosilio

Vor _____ Zeit lebte einmal im _____ Märchenland ein _____

Zauberer mit Namen Petrosilio. Dieser half oft den Kindern mit seiner _____ Tarnkap-

pe, die einen Menschen für andere _____ machen konnte. Eines Tages kam der

_____ Tim zu ihm. Er klagte ihm sein Leid, weil zwei _____ Jungen

ihn jeden Tag ärgerten und quälten. Der Zauberer lieh dem Jungen _____ seine

Tarnkappe und erklärte ihm alles. Am nächsten Tag stürzten sich die beiden Jungen wieder auf den

vermeintlich _____ Tim. Plötzlich löste sich dieser wie in Luft auf. Der eine Junge

spürte auf einmal einen _____ Schlag. Schon stürzte er sich _____ auf

den anderen. Die beiden prügelten _____ aufeinander los. Tim aber schlich sich

_____ davon. _____ dachte er an den Zauberer Petrosilio.

> lang, fern, freundlich, toll, unsichtbar, klein, größer, bereitwillig, wehrlos, schmerzhaft, zornig, heftig, lachend, dankbar

4. Mithilfe von Adjektiven kannst du Personenbeschreibungen genauer machen. Setze jeweils ein passendes Adjektiv in die Lücken ein. Beachte, dass sie verändert werden müssen.

Indianer-Jim

Eines Tages stand Jim vor der _____ Tür. Er war ein _____

Mann. Sein _____ Haar war zu einem _____ Zopf geflochten, der ihm

bis auf den Rücken hinabhing. Seinen _____ Medizinbeutel trug er an einem

_____ Lederband um den Hals. Jim war kein _____ Häuptling,

sondern ein _____ Krieger.

> • schlank, jung • geöffneten • pechschwarz • armdick • bunt verziert • einfach • berühmt • braun

© Schöningh 978-3-14-025132-7

5. Mit Adjektiven kann man Personen, Tiere, Gegenstände sowie Tätigkeiten besonders anschaulich kennzeichnen.
Kennzeichne jeweils Personen durch zwei treffende Adjektive.

Gesichtsform – _____ , _____

Nase – _____ , _____

Mund – _____ , _____

Figur – _____ , _____

Körperhaltung – _____ , _____

6. Kennzeichne die folgenden Verben durch zwei Adjektive genauer.

sprechen – _____ , _____

laufen – _____ , _____

singen – _____ , _____

7. Die Adjektive *gut*, *schlecht*, *nett* und *schön* wirken manchmal für Beschreibungen von Personen zu allgemein und nichtssagend. Ersetze die Adjektive auf der linken Seite durch anschaulichere Adjektive aus dem Speicher.

eine schöne Vase – *eine wohlgeformte Vase*

ein gutes Buch – _____

ein schönes Kleid – _____

schöne Zähne – _____

eine schöne Haut – _____

ein netter Junge – _____

| ebenmäßig, glatt, elegant, höflich, gebückt, spannend |

8. Verbinde die Adjektive im Speicher mit den Verben im Speicher zu anschaulichen Ausdrücken.

| preiswert, angestrengt, erschöpft, beherzt, verdutzt, unruhig, verzweifelt, lauthals |

| loslachen, einkaufen, nachdenken, zupacken, niedersinken, schauen, um Hilfe rufen, auf- und abgehen |

_____

_____

_____

9. Die folgende Personenbeschreibung ist im fett gedruckten Teil nicht genau genug. Schreibe diese Sätze mithilfe der Adjektive im Wortspeicher in deinem Heft neu auf.

Achtung, Achtung, eine Durchsage an alle Besucher der Kirmes. Wir bitten um Mithilfe: Eine Mutter hat ihre kleine Tochter verloren.
Hanna Andersen ist vier Jahre alt. Sie trägt Zöpfe mit Schleifen. Hanna ist bekleidet mit einem Rock und einer Bluse. Sie trägt Lackschuhe und Söckchen.

| ärmellos, weiß, hellblau, geblümt, auffallend lang, knallrot |

© Schöningh 978-3-14-025132-7

25

Modul 3: Das Adjektiv (Eigenschaftswort)

■ Deutsch-Englisch: Adjektive/adjectives

1. Im Englischen beschreibt ein Adjektiv ein Nomen näher (nicht wie im Deutschen auch eine Tätigkeit). Übersetze ins Deutsche. Unterstreiche das Adjektiv im englischen und im deutschen Satz.

Mary has got a new computer. _____

The exercise is easy. _____

2. Unterstreiche im folgenden Witz die drei Adjektive.

"Why does the elephant wear pink tennis shoes?" –
"I don't know." – „Because his yellow tennis shoes are too small."

3. Wie im Deutschen können auch im Englischen Adjektive gesteigert werden. Ergänze jeweils.

Positiv	Komparativ	Superlativ
small	smaller	smallest
_____	_____	tallest
fast	_____	_____
happy	happier	happiest
silly	_____	_____
difficult	more difficult	most difficult
terrible	_____	_____
_____	more expensive	_____

4. Vergleiche werden ähnlich wie im Deutschen formuliert. Übersetze jeweils.

Sheila is as old as Ben. _____

John is older than Mary. _____

The red ball is not as big as the blue ball. _____

Diese Übung ist am schwersten. _____

Mein Bruder ist größer als meine Schwester. _____

5. Unterstreiche in dem folgenden Märchenbeginn alle Adjektive.

Muggie the witch

Muggie the witch lived in a <u>wooden</u> house with her black cat.
The witch liked to fly on her black broomstick, when the moon
was big and round and yellow. In such a night Muggie liked to
fly faster and higher than all the other witches ...

Kurzer Wissenscheck

Das Adjektiv (Eigenschaftswort)

1. Ich kenne mich aus mit der Wortart Adjektiv.

Kreuze die richtigen Aussagen an.

☐ 1. Adjektive geben die Eigenschaften und Merkmale von Personen, Dingen und Tätigkeiten an.

☐ 2. Eine deutsche Bezeichnung für das Adjektiv heißt Eigenschaftswort.

☐ 3. Adjektive kennzeichnen Tätigkeiten und Vorgänge.

☐ 4. Adjektive können im Satz ihre Form verändern.

☐ 5. Adjektive verändern im Satz nie ihre Form.

☐ 6. Die meisten Adjektive lassen sich steigern.

☐ 7. Mit Adjektiven kann man Texte genauer und anschaulicher machen.

Das weiß ich auch!

2. Ich kann Adjektive zusammen mit dem Nomen im Satz verändern (beugen).

Setze der Reihe nach die folgenden Adjektive in die Sätze ein; denke daran, dass du die meisten Adjektive verändern musst, damit sie im Satz zum Nomen passen.

> beste, toll, flott, neu, verfasst

Marit schenkt ihrer _____ Freundin ein _____ Spiel. Fenja und Nils

führen einen _____ Tanz auf. Hanna erwartet ihren _____ Banknachbarn

Kai. Alexander trägt ein selbst _____ Gedicht vor.

3. Ich kann die Vergleichswörter *als* und *wie* richtig gebrauchen.

Kreuze die richtigen Formulierungen an.

☐ 1. Lennard ist genauso groß wie Nils.

☐ 2. Sven ist ebenso schlau als Malena.

☐ 3. Sie ist kleiner wie ich.

☐ 4. Ich bin größer als sie.

4. Ich kann einen Text mithilfe von Adjektiven genauer machen.

Kennzeichne in dem Märchenmix passende Nomen durch ein Adjektiv im Speicher. Es gibt mehrere Möglichkeiten; schreibe darüber. Beachte, dass du die Adjektive verändern musst.

> undurchdringlich, dicht, einsam, winzig, wohlschmeckend, köstlich, geheimnisvoll

In einem Wald trifft Aschenputtel auf Schneewittchen. Gemeinsam suchen sie einen Weg durch das Gehölz.

Auf einer Lichtung entdecken sie plötzlich ein Häuschen, das nur aus Plätzchen und Süßigkeiten besteht.

Sie gehen auf das Haus zu und fangen an zu naschen.

© Schöningh 978-3-14-025132-7

Lösungen

Das Adjektiv (Eigenschaftswort)

Basismaterial (S. 22)

1. freundlich, freigebig, alt, lieb, herzlich, nett, gütig, krank, schön
2./3. <u>groß</u>, <u>hohes</u> (hoch), <u>volle</u> (voll), <u>jünger</u> (jung), <u>weißen</u> (weiß), <u>silberfarbene</u> (silberfarben), <u>blauen</u> (blau), <u>hageren</u> (hager), verständnisvoll, großzügig, <u>begeisterter</u> (begeistert), <u>bereitwillig</u>
4. ein **langes, gelbes** Kleid/eine **breite, goldene** Schärpe/ihre **langen, blonden** Zöpfe, mit **roten** Schleifen/ eine **kleine** Krone/geht **langsam** nach vorn und erzählt ein **kurzes** Stück aus einem **bekannten** Märchen/eine **süße** Belohnung

Differenzierungsmaterial 1 (S. 23)

1. klug, klüger, am klügsten/gut, besser, am besten/hoch, höher, am höchsten/schön, schöner, am schönsten/dick, dicker, am dicksten/gern, lieber, am liebsten
2. **schwerer als** die letzte/die **schnellste** Läuferin/die **beste** Note/genau so **stark wie** in Deutsch/**weiter als** Nils
3. super, tot, blütenweiß, dreieckig, uralt, stumm, ganz, einzigartig, riesengroß, steinhart
4. schwarz wie die Nacht, schnell wie der Blitz, rot wie Blut, dumm wie Bohnenstroh, stark wie ein Bär, dünn wie ein Strick, listig wie ein Fuchs, leicht wie eine Feder, kalt wie Eis
5. spiegelglatt, blitzschnell, bärenstark, haushoch, wunderschön, feuerrot, glasklar, kinderleicht, riesengroß, pechschwarz

Differenzierungsmaterial 2 (S. 24 f.)

1. **Adjektive:** verdaustig, glasse, gorkicht, elump, gabben
2. **Adjektiv kennzeichnet Verb: verdaustig** war's, rotterten **gorkicht**
   Adjektiv kennzeichnet Nomen: glasse Wieben, **elump** war der Pluckewank, **gabben** Schweisel
3. Vor **langer** Zeit, im **fernen** Märchenland, ein **freundlicher** Zauberer/mit seiner **tollen** Tarnkappe, **unsichtbar** machen/der **kleine** Tim/zwei **größere** Jungen/lieh dem Jungen **bereitwillig**/vermeintlich **wehrlosen** Tim/einen **schmerzhaften** Schlag/stürzte er sich **zornig**/prügelten **heftig**/schlich sich **lachend** davon/**Dankbar** dachte er …
4. **geöffneten** Tür, **schlanker, junger** Mann, sein **pechschwarzes** Haar, **armdicken** Zopf, seinen **bunt verzierten** Medizinbeutel, an einem **braunen** Lederband, kein **berühmter** Häuptling, sondern ein **einfacher** Krieger
5. Beispiele: **Gesichtsform:** schmal, rund/**Nase:** lang, spitz/**Mund:** herzförmig, voll/**Figur:** schlank, korpulent/**Körperhaltung:** gebückt, gerade
6. Beispiele: **sprechen:** laut, leise/**laufen:** schnell, langsam/**singen:** melodisch, falsch
7. ein spannendes Buch, ein elegantes Kleid, ebenmäßige Zähne, eine glatte Haut, ein höflicher Junge
8. preiswert einkaufen, angestrengt nachdenken, erschöpft niedersinken, beherzt zupacken, verdutzt schauen, unruhig auf- und abgehen, verzweifelt um Hilfe rufen, lauthals loslachen.
9. Beispiel: Hanna Andersen ist vier Jahre alt. Sie trägt **auffallend lange** Zöpfe mit **knallroten** Schleifen. Hanna ist bekleidet mit einem **geblümten** Rock und einer **ärmellosen** Bluse. Sie trägt **weiße** Lackschuhe und **hellblaue** Söckchen.

Differenzierungsmaterial 3: Deutsch-Englisch (S. 26)

1. Mary has got a <u>new</u> computer. Mary hat einen <u>neuen</u> Computer./The exercise is <u>easy</u>. Die Übung ist <u>einfach</u>.
2. pink, yellow, small
3. tall, taller, tallest/fast, faster, fastest/silly, sillier, silliest/terrible, more terrible, most terrible/expensive, more expensive, most expensive
4. Sheila ist **genauso alt wie** Ben. John ist **älter als** Mary. Der rote Ball ist **nicht so groß wie** der blaue Ball. This exercise is **the most difficult**. My brother is **taller than** my sister.
5. **black** cat, **black** broomstick, the moon was **big** and **round** and **yellow**, to fly **faster** and **higher**

Kurzer Wissenscheck (S. 27)

1. Richtig sind: 1., 2., 4., 6., 7.
2. ihrer **besten** Freundin, ein **tolles** Spiel/einen **flotten** Tanz/ihren **neuen** Banknachbarn/ein selbst **verfasstes** Gedicht
3. Richtig sind 1. und 4.
4. Beispiele: In einem **undurchdringlichen** Wald/durch das **dichte** Gehölz/Auf einer **einsamen** Lichtung entdecken sie plötzlich ein **winziges** Häuschen, das nur aus **wohlschmeckenden** Plätzchen und **köstlichen** Süßigkeiten besteht./auf das **geheimnisvolle** Haus

Modul 4: Das Pronomen (Fürwort)

- Die deutsche Bezeichnung für das Wort Pronomen heißt **Fürwort**.
- Das **Personalpronomen** (persönliches Fürwort) kann für ein Nomen (Substantiv) stehen:
  das Pferd → es; der Mann → er; die Kinder → sie.
- Das **Possessivpronomen** (besitzanzeigendes Fürwort) ist Begleiter des Nomens:
  mein Buch, **sein** Vater, **euer** Haus.
- Pronomen kann man im Satz verändern; man kann sie deklinieren, das heißt, in die vier Fälle setzen.
  Personalpronomen: 1. Fall: ich, du ...; 2. Fall: meiner, deiner ...; 3. Fall: mir, dir ...; 4. Fall: mich, dich.
  Possessivpronomen: 1. Fall: **mein** Freund; 2. Fall: **meines** Freundes; 3. Fall: **meinem** Freund;
  4. Fall: **meinen** Freund.
- Pronomen können im Singular und im Plural stehen: der Hund → er; die Hunde → sie.
- Wenn man jemanden anspricht, z.B. in Briefen, verwendet man die Anredepronomen: du, ihr.
  Die Höflichkeitsformen der Anredepronomen werden immer großgeschrieben: Ihnen, Ihre, Sie.

1. Ersetze jeweils die folgenden Nomen durch ein Personalpronomen. Kreuze an, ob es im Singular oder im Plural steht.

Nomen	Personalpronomen	Singular	Plural
die Katze	sie	x	
die Autos			
das Buch			
die Schule			
die Klassenräume			
der Schüler			
die Fenster			

2. In den folgenden Sätzen stehen jeweils zwei Personalpronomen in unterschiedlichen Fällen (Kasus). In einem Satz stehen vier Pronomen. Unterstreiche jeweils die Pronomen.

Sie sieht ihn. (2) Er sieht sie. (2) Sie kommen zu uns. (2) Wir kommen zu euch. (2)
Ich und du, wir verstehen uns gut. (4) Ihr und wir sind ein prima Team. (2) Ihr sprecht mit uns. (2)
Sie spricht mit ihm. (2) Er spricht mit ihr. (2)

3. Possessivpronomen heißen auch besitzanzeigende Fürwörter, weil sie den Besitz anzeigen (mein Heft, seine Schwester). Setze in die Leerzeile ein passendes Possessivpronomen ein.

Lukas geht mit _____ **Bruder** zur Kirmes.

_____ **Freundin** schenkt mir ein Lebkuchenherz.

Moritz stellt fest, dass er _____ **Geld** vergessen hat.

Wir machen morgen eine Fahrradtour. _____ **Fahrradhelme** dürfen wir nicht vergessen.

Emmi und _____ **Freundin** besuchen zusammen einen Film.

Das Pronomen

1. Das folgende Gespräch enthält Personalpronomen in unterschiedlichen Fällen. Unterstreiche sie; es sind acht.

Moritz: Kommst du mit zum Schwimmen?

Hanna: Ich habe heute keine Lust. Frag doch mal Fenja. Dort kommt sie doch mit Jakob; hast du ihn schon gefragt?

Moritz: Dann frag ich euch doch sofort alle. Kommt ihr nun mit oder nicht?

2. Setze in den folgenden Sätzen die fett gedruckten Ausdrücke durch ein Pronomen. Mache dazu die Ersatzprobe.

Jonas	schenkt	**seinem Freund**	ein Poster.
Er	schenkt	ihm	ein Poster.

Meine Freundin		besucht	**ihren kranken Großvater.**
_____		besucht	_____

Der Lehrer		unterrichtet	**seine Schülerinnen.**
_____		unterrichtet	_____

Die Nachbarn		helfen	**meinem Vater.**
_____		helfen	_____

3. Ersetze die markierten Ausdrücke durch ein passendes Personalpronomen aus dem Speicher. Schreibe jeweils darüber.

| ihn   sie   es   ihr   ihnen |

Hanna hat sich einen Film angesehen.

Emmi hat **ihrer Freundin** versprochen, zu ihr zu kommen.

Julia hilft **ihren beiden Schwestern** bei den Hausaufgaben.

Malena hat **das neue Buch** an ihre Freundin ausgeliehen.

Malte findet **seinen neuen Mathelehrer** richtig toll.

4. In dem folgenden Witz stehen viele Pronomen. Unterstreiche die noch fehlenden Pronomen, es sind dreizehn.

Im Gerichtssaal. Vor dem Richter stehen drei Männer.
Der Richter fragt den ersten: „Nun, was haben <u>Sie</u> angestellt?"
Darauf der Angeklagte: „Ich habe den Stein in den Teich geworfen."
Richter: „Das ist für uns keine Straftat. Freispruch!" Er wendet sich an den zweiten Angeklagten: „Und was haben Sie getan?" Der zweite Angeklagte antwortet ihm: „Ich habe meinem Kumpel geholfen, den Stein in den Teich zu werfen."
Richter: „Auch das ist unserer Meinung nach keine Straftat. Freispruch!"
Schließlich fragt er den dritten: „Nun zu Ihnen. Weshalb sind Sie hier?"
Der dritte antwortet ihm: „Mein Name ist Stein, Herr Richter, Peter Stein."

Modul 4: Das Pronomen (Fürwort)

© Schöningh 978-3-14-025132-7

Das Pronomen

1. Unterstreiche die Personalpronomen. In der Klammer ist jeweils die Anzahl für die Zeilen angegeben.

Mein Spiegelbild

Wenn ich weine, weinst du auch. (2)
Wenn ich lache, lachst auch du. (2)
Wenn ich vor dir stehe oder dich genau ansehe, (3)
immer machst du das Gleiche wie ich auch. (2)
Immer machst du mir alles nach. (2)
Du und ich, wir gehören zusammen. (3)

2. Füge in das folgende Gespräch passende Personalpronomen ein.

Tom: Kannst _____ _____ das Sachbuch über Elefanten mitbringen, das ich _____ letzte

Woche geliehen habe?

Greta: Warum willst _____ _____ so schnell zurückhaben?

Tom: _____ möchte etwas über Elefanten nachlesen.

Greta: Gut, ich bringe _____ _____ morgen mit. Du kannst _____ darauf verlassen.

Tom: Nett von _____, Greta.

3. In dem folgenden Brief, den der Vater von Pippi Langstrumpf an seine Tochter schreibt, fehlen die Pronomen. Wähle passende Pronomen aus dem Speicher und setze sie ein.

> du du du du dir dir dir dein dein dich ich ich es es meine mein

Meine liebe Pippilotta,

wen _____ diesen Brief bekommst, kannst _____ jeden Augenblick zum Hafen runter-

gehen und nach der Hoppetosse ausspähen. Denn _____ habe die Absicht, zu _____ zu

kommen und _____ für eine Weile nach der Taka-Tuka-Insel zu holen. _____ sollst doch

wenigstens das Land kennenlernen, wo _____ Vater ein so mächtiger König geworden ist. Hier

ist _____ richtig gemütlich und _____ glaube, dass _____ _____ gefallen

wird. _____ treuen Untertanen sehnen sich auch sehr danach, die Prinzessin Pippilotta kennen

zu lernen, von der man schon so viel gehört hat. So ist darüber weiter nichts zu sagen. _____

kommst, – das ist _____ königlicher und väterlicher Wille.

Einen richtigen Knallkuss und viele herzliche Grüße sendet _____ _____ alter Vater, König

Efraim I. Langstrumpf, Alleinherrscher über Taka-Tuka-Land.

(Aus: Astrid Lindgren, *Pippi Langstrumpf* © Verlag Friedrich Oetinger, Hamburg)

© Schöningh 978-3-14-025132-7

Das Pronomen

1. In dem folgenden Text gibt es besonders viele Personalpronomen. Unterstreiche sie. Ihre Anzahl ist für jede Zeile in der Klammer angegeben.

Ich höre dich. (2)
Du hörst mich. (2)
Er hört sie und sie hört ihn. (4)
Es gehört sich so. (1)
Wir hören euch. (2)
Ihr hört uns. (2)
Sie alle hören etwas. (1)
Hört uns jemand zu? (1)

2. Setze die Personalpronomen und die Possessivpronomen (in der Klammer) im angegebenen Fall in die Satzlücke.

(mein) Der Hund _____ Freundin ist weggelaufen.
           (Genitiv/2. Fall)

(er) Sie schenkt _____ eine tolle CD.
           (Dativ/3. Fall)

(sein) Jakob verleiht _____ neuen Computerspiele nur an die beste Freundin.
           (Akkusativ/4. Fall)

(wir) Der Trainer gibt _____ einige gute Ratschläge.
           (Dativ/3. Fall)

(ihr) Lara trauert _____ kleinen Katze nach, die weggelaufen ist.
           (Dativ/3. Fall)

(du) Dein großer Bruder hilft _____, wenn du nicht weiterweißt.
           (Dativ/3. Fall)

3. Unterstreiche in dem folgenden Witz alle Pronomen. Es sind acht.

Tim fährt abends mit seinem Fahrrad nach Hause. Aber sein Licht brennt nicht. Ein Polizist hält ihn an und fordert ihn auf: „Junge, wenn dein Licht nicht geht, dann musst du absteigen und schieben!" Tim zuckt die Schulter: „Das habe ich ja schon probiert, aber es brennt trotzdem nicht!"

4. Setze in den folgenden Witz passende Pronomen ein.

Herr und Frau Birkenbaum verbringen _____ Urlaub in den Bergen. „Und wie gefällt

_____ _____ hier?", fragt Herr Birkenbaum _____ Frau. „Oh ja, _____

gefällt _____ ganz wunderbar. Die Landschaft macht _____ ganz sprachlos."

„Gut, dann bleiben _____ drei Wochen."

© Schöningh 978-3-14-025132-7

Kurzer Wissenscheck

Das Pronomen (Fürwort)

1. Ich kenne mich mit der Wortart Pronomen aus.

Kreuze die richtigen Aussagen an.

- [ ] 1. Die deutsche Bezeichnung für Pronomen heißt Fürwort.
- [ ] 2. Das Personalpronomen kann für ein Nomen stehen, das Possessivpronomen kann Begleiter des Nomens sein.
- [ ] 3. Pronomen können im Satz nicht ihre Form verändern.
- [ ] 4. Pronomen können wie Nomen dekliniert (gebeugt) werden.
- [ ] 5. Alle Anredepronomen müssen großgeschrieben werden.
- [ ] 6. Nur die Höflichkeitsformen der Anredepronomen müssen großgeschrieben werden.

2. Ich kann zwischen Personalpronomen (1) und Possessivpronomen (2) unterscheiden.

Schreibe in das Kästchen eine 1 oder 2 jeweils für das 1. und für das 2. Pronomen im Satz.

- [ ][ ] Kommst **du** morgen zu **unserer** Fete?
- [ ][ ] **Meine** Schwester hilft **ihm** bei den Hausaufgaben.
- [ ][ ] **Er** hat **sein** Buch an Kati verliehen.

3. Ich kann vom Personalpronomen unterschiedliche Fälle bilden.

Setze die Pronomen in der Klammer jeweils im richtigen Fall in die Lücken ein.

(ich) Lara hilft _____ gern.
(Dativ)

(sein) Tim macht _____ Freund ein Geschenk.
(Dativ)

(wir) Morgen besucht _____ Onkel Kalli.
(Akkusativ)

4. Ich kann passende Pronomen in einen Text einsetzen:

Setze passende Pronomen ein; achte auf den Zusammenhang des Satzes.

- Luisa erhält zum Geburtstag ein neues Fahrrad. _____ findet _____ ganz toll.
- Moritz und Jakob haben sich einen Videofilm angeschaut. _____ hat _____ gut gefallen.
- Gestern hat Tim im Ort seine Banknachbarin Maja getroffen. _____ hat sich sofort mit _____ verabredet.

Lösungen

Das Pronomen (Fürwort)

Basismaterial (S. 30)

1. die Autos, **sie** (Plural); das Buch, **es** (Singular), die Schule, **sie** (Singular), die Klassenräume, **sie** (Plural), der Schüler, **er** (Singular), die Fenster, **sie** (Plural)
2. **Sie** sieht **ihn**. **Er** sieht **sie**. **Sie** kommen zu **uns**. **Wir** kommen zu **euch**. **Ich** und **du**, **wir** verstehen **uns** gut. **Ihr** und **wir** sind ein prima Team. **Ihr** sprecht mit **uns**. **Sie** spricht mit **ihm**. **Er** spricht mit **ihr**.
3. mit **seinem** Bruder, **Meine** Freundin, **sein** Geld, **Unsere** Fahrradhelme, **ihre** Freundin

Differenzierungsmaterial 1 (S. 31)

1. Moritz: Kommst <u>du</u> mit zum Schwimmen?
   Hanna: <u>Ich</u> habe heute keine Lust. Frag doch mal Fenja. Dort kommt <u>sie</u> doch mit Jakob; hast <u>du</u> <u>ihn</u> schon gefragt?
   Moritz: Dann frag <u>ich</u> <u>euch</u> doch sofort alle. Kommt <u>ihr</u> nun mit oder nicht?
2. **Sie** besucht **ihn**. **Er** unterrichtet **sie**. **Sie** helfen **ihm**.
3. Sie, ihr, ihnen, es, ihn
4. Darauf der Angeklagte: „<u>Ich</u> habe den Stein in den Teich geworfen." Richter: „Das ist für <u>uns</u> keine Straftat. Freispruch!" <u>Er</u> wendet sich an den zweiten Angeklagten: „Und was haben <u>Sie</u> getan?" Der zweite Angeklagte antwortet <u>ihm</u>: „Ich habe <u>meinem</u> Kumpel geholfen, den Stein in den Teich zu werfen." Richter: „Auch das ist <u>unserer</u> Meinung nach keine Straftat. Freispruch!" Schließlich fragt <u>er</u> den dritten: „Nun zu <u>Ihnen</u>. Weshalb sind <u>Sie</u> hier?" Der dritte antwortet <u>ihm</u>: „<u>Mein</u> Name ist Stein, Herr Richter, Peter Stein."

Differenzierungsmaterial 2 (S. 32)

1. Wenn <u>ich</u> weine, weinst <u>du</u> auch. (2)
   Wenn <u>ich</u> lache, lachst auch <u>du</u>. (2)
   Wenn <u>ich</u> vor <u>dir</u> stehe oder <u>dich</u> genau ansehe, (3)
   immer machst <u>du</u> das Gleiche wie <u>ich</u> auch. (2)
   Immer machst <u>du</u> <u>mir</u> alles nach. (2)
   <u>Du</u> und <u>ich</u>, <u>wir</u> gehören zusammen. (3)
2. Tom: Kannst **du** **mir** das Sachbuch über Elefanten mitbringen, das ich **dir** letzte Woche geliehen habe?
   Greta: Warum willst **du** **es** so schnell zurückhaben?
   Tom: **Ich** möchte etwas über Elefanten nachlesen.
   Greta: Gut, **ich** bringe **es** **dir** morgen mit. Du kannst **dich** darauf verlassen.
   Tom: Nett von **dir**, Greta.
3. Meine liebe Pippilotta,
   wenn **du** diesen Brief bekommst, kannst **du** jeden Augenblick zum Hafen runtergehen und nach der Hoppetosse ausspähen. Denn **ich** habe die Absicht, zu **dir** zu kommen und **dich** für eine Weile nach der Taka-Tuka-Insel zu holen. **Du** sollst doch wenigstens das Land kennenlernen, wo **dein** Vater ein so mächtiger König geworden ist. Hier ist **es** richtig gemütlich und **ich** glaube, dass **es** **dir** gefallen wird. **Meine** treuen Untertanen sehnen sich auch sehr danach, die Prinzessin Pippilotta kennen zu lernen, von der man schon so viel gehört hat. So ist darüber weiter nichts zu sagen. **Du** kommst, – das ist **mein** königlicher und väterlicher Wille. Einen richtigen Knallkuss und viele herzliche Grüße sendet **dir** **dein** alter Vater, König Efraim I. Langstrumpf, Alleinherrscher über Taka-Tuka-Land.

© Schöningh 978-3-14-025132-7

Differenzierungsmaterial 3 (S. 33)

1. <u>Ich</u> höre <u>dich</u>. <u>Du</u> hörst <u>mich</u>. <u>Er</u> hört <u>sie</u> und <u>sie</u> hört <u>ihn</u>. <u>Es</u> gehört sich so. <u>Wir</u> hören <u>euch</u>. <u>Ihr</u> hört <u>uns</u>. <u>Sie</u> alle hören etwas. Hört <u>uns</u> jemand zu?
2. Der Hund **meiner** Freundin, Sie schenkt **ihm** ..., **seine** neuen Computerspiele, Der Trainer gibt **uns** ..., **ihrer** kleinen Katze, Dein großer Bruder hilft **dir** ...
3. Tim fährt abends mit <u>seinem</u> Fahrrad nach Hause. Aber <u>sein</u> Licht brennt nicht. Ein Polizist hält <u>ihn</u> an und fordert <u>ihn</u> auf: „Junge, wenn <u>dein</u> Licht nicht geht, dann musst <u>du</u> absteigen und schieben!" Tim zuckt die Schulter: „Das habe <u>ich</u> ja schon probiert, aber <u>es</u> brennt trotzdem nicht!"
4. Herr und Frau Birkenbaum verbringen **ihren** Urlaub in den Bergen. „Und wie gefällt **es dir** hier?", fragt Herr Birkenbaum **seine** Frau. „Oh ja, **es** gefällt **mir** ganz wunderbar. Die Landschaft macht **mich** ganz sprachlos." „Gut, dann bleiben **wir** drei Wochen."

Kurzer Wissenscheck (S. 34)

1. Richtig sind: 1., 2., 4., 6.
2. 1,2/2,1/1,2
3. mir, seinem, uns
4. • **Sie** findet **es** ganz toll. • **Er** hat **ihnen** gut gefallen. • **Er** hat sich sofort mit **ihr** verabredet.

© Schöningh 978-3-14-025132-7

Modul 5: Die Präposition (Verhältniswort)

1. Präpositionen (Verhältniswörter, Fügewörter) fügen Nomen/Substantive oder Pronomen in den Satz ein.
2. Sie stehen vor einem Nomen oder Pronomen und geben im Satz Verhältnisse an
   - zu **Raum und Richtung** (wo? woher? wohin?): Er sitzt **auf** der Bank. Sie geht **in** die Schule.
   - zu **Zeit und Dauer** (wann? wie oft? wie lange?): Er kam **vor** fünf Minuten. Sie ging **nach** einer Stunde.
   - zu **Grund und Ursache** (warum, weshalb?): Er spielt nicht **wegen** einer Verletzung.
3. Präpositionen erfordern beim Nomen oder Pronomen in der Regel einen bestimmten <u>Kasus</u> (<u>Fall</u>):
   - Genitiv: während, wegen, trotz; **während** <u>der Aufführung</u>
   - Dativ: mit, nach, von, bei; **bei** <u>der Feier</u>, **von** <u>ihm</u>
   - Akkusativ: durch, für, ohne, gegen; **Ohne** <u>ihn</u> läuft nichts.
   - Dativ oder Akkusativ: an, auf, hinter, neben, in, über, unter, vor, zwischen; Er sitzt **auf** <u>dem Baum</u>. (Dativ: wo? auf wem?); Er klettert **auf** <u>die Mauer</u>. (Akkusativ: wohin? auf was?)
4. Manche Präpositionen gehören fest zum Adjektiv, Verb oder Nomen: froh **über** ..., stolz **auf** ..., denken **an** ..., Verständnis **für** ....
5. Manche Präpositionen verschmelzen im Satz mit dem bestimmten Artikel: **beim** Frühstück (bei dem Frühstück), **aufs** Pferd (auf das Pferd).

1. Ordne die folgenden Beispiele jeweils den einzelnen Punkten (1.–5.) im Kasten zu.

☐ Man sollte sich **beim** <u>Autofahren</u> nicht ablenken lassen.

☐ Das Geschenk stammt **von** <u>meinem Freund</u>. Er fährt **durch** <u>den Wald</u>.

☐ Das Sportfest fällt **wegen** <u>des schlechten Wetters</u> aus. (warum? – Grund)

☐ Sie steht **neben** <u>der Tür</u>. Er rennt **auf** <u>die Straße</u>.

☐ Die Fete beginnt **um** <u>drei Uhr</u>. (wann? – Zeit)

☐ Sie ist richtig <u>sauer</u> **auf** <u>ihn</u>. Doch er hat <u>Verständnis</u> **für** <u>sie</u>.

2. Setze jeweils eine passende Präposition aus dem Wortspeicher in den Satz ein.

> gegen, für, auf, wegen, während, von, zum, vor

Tante Auguste hat _____ ihren Neffen etwas Schönes mitgebracht.

Der Stürmer schießt den Ball _____ die Torlatte.

Heute fahren Uta und Lea _____ Allwetterzoo.

Boris klettert _____ den Baum.

_____ der Aufführung müssen die Handys abgestellt werden.

Greta kann _____ einer starken Erkältung nicht am Unterricht teilnehmen.

Noah hat sich _____ seinem Freund ein spannendes Buch ausgeliehen.

Uta und Patty wollen sich heute Nachmittag _____ dem Kino treffen.

© Schöningh 978-3-14-025132-7

■ Die Präposition

1. Umkästele in den folgenden Formulierungen die Präpositionen wie im Beispiel. Nenne danach den jeweiligen Fall für die unterstrichenen Wörter.

[wegen] des Sturms	_2. Fall – Genitiv_
mit meinem Freund	_____
ohne seinen Vater	_____
während der Theateraufführung	_____
von der Freundin	_____
mit ihr	_____
warten auf das Fest	_____

2. Wenn es keine Präpositionen gäbe, könnte man den folgenden Text kaum verstehen. Setze jeweils die richtige Präposition aus dem Wortspeicher ein.

> von, an, an, in, von, in, in, zur, für, während, trotz, von

Das erste verlassene Robbenbaby der Saison ist _____ der Nordseeküste aufgetaucht. Der

Heuler wurde _____ eines Sturms von seiner Mutter getrennt und deshalb _____

Seehundstation gebracht. Dies berichtete die Stationsleiterin Tanja R. _____ der Seehundstation

_____ N. _____ diesem Dienstag. Waldemar, so wurde das Tier _____ dem Finder

getauft, war _____ einer leichten Nabelentzündung _____ einem sehr guten körperlichen

Zustand. Der Seehund wird nun _____ einem Aufzuchtbecken aufgepäppelt, bis er das

_____ die Auswilderung nötige Mindestgewicht _____ 25 Kilogramm erreicht hat.

3. Es gibt Präpositionen, nach denen entweder der Dativ oder der Akkusativ stehen kann: *an, auf, hinter, neben, in, über unter, vor, zwischen*. Du kannst dies durch passende Fragen herausfinden: **Dativ** (3. Fall): **wo?** – **Akkusativ** (4. Fall): **wohin**? Stelle die jeweilige Frage und gib die Antwort.

Die Katze liegt **unter** dem Tisch. Frage: _Wo_ _____?

Antwort: _____ (Dativ)

Emmi geht **in** die Schule. Frage: _____?

Antwort: _____

Julian steht **hinter** dem Pult. Frage: _____?

Antwort: _____

4. Trage den passenden Fall des Nomens und Artikels oder Pronomens in der Klammer in die Lücken ein. Stelle ggf. die Fragen *wo* oder *wohin*.

Tim stellt sich zwischen _____ (der Tisch) und _____ (der Schrank).

Der Ball liegt unter _____ (das Sofa).

Sie hängt den Schal über _____ (der Stuhl).

Die beiden treffen sich vor _____ (das Kino).

Tom sitzt in _____ (sein Baumhaus).

Die Präposition

1. Manchmal verschmelzen Präpositionen mit dem bestimmten Artikel (in dem → im). Unterstreiche die Präposition und löse auf wie im Beispiel.

Die Kinder spielen im Haus.   (**in dem** Haus_____)

Er legt seine Jacke übers Geländer.   (_____)

Emmi und Niki gehen ins Kino.   (_____)

Der Ball liegt unterm Schrank.   (_____)

Sie steigt aufs Pferd.   (_____)

2. Manche Präpositionen gehören fest zu einem Adjektiv, einem Verb oder einem Nomen. Ordne zu und trage in die Tabelle ein. Bilde im Zweifelsfall einen kleinen Satz.

> **Präposition:** über, über, über, auf, auf, von, für, für, um, nach, nach, nach, an, auf

> **Verb:** danken, sich erkundigen, bitten, hindern, warten, reden
> **Adjektiv:** voll, besorgt, froh, stolz, gierig
> **Nomen/Substantiv:** Verständnis, Hunger, Sehnsucht

Verb	Adjektiv	Nomen
danken für,		

3. Bilde noch jeweils einen Satz mit einem Verb, Adjektiv und Nomen/Substantiv. Markiere und unterstreiche wie im Beispiel.

Sie **dankt** ihrem Freund **für** das schöne Geschenk.

_____

_____

_____

4. Setze die folgenden Präpositionen passend in die Formulierungen ein.

> vor, auf, über, von, vor, für, um, aus, zwischen, an, über

sich _____ zwei Möglichkeiten entscheiden, _____ jemanden sprechen

_____ dem Ertrinken retten, _____ eine Straße laufen,

_____ jemandem etwas geschenkt bekommen,

_____ dem Haus kommen, _____ dem Kino warten,

sich _____ die Klassenarbeit vorbereiten, _____ der AG teilnehmen, sich _____

etwas entscheiden, sich _____ den Kranken kümmern

Modul 5: Die Präposition (Verhältniswort)

■ Deutsch-Englisch: Präpositionen/prepositions

> Manchmal muss man zwischen den Sprachen Deutsch und Englisch vermitteln.
> Man nennt dies „mediation".
> a) Du übersetzt englische Informationen ins Deutsche. Dabei überträgst du nicht alles wörtlich, sondern gibst nur das Wesentliche in einfachen und kurzen Sätzen weiter.
> b) Du gibst deutsche Informationen auf Englisch weiter. Dabei musst du auf Formulierungen achten, die für das Englische typisch sind.

1. Wie im Deutschen kennzeichnen auch im Englischen die Präpositionen bestimmte Verhältnisse im Satz. Ergänze die Formulierungen auf Englisch: under, behind, between, on.

_____   _____   _____   _____

Schreibe die deutschen Übersetzungen der Präpositionen auf.

_____

2. Unterstreiche die Präpositionen (prepositions) in den folgenden englischen Sätzen.

He likes books about ghosts.
Jim is waiting at the bus stop.
The bus stops in front of my house.
He wants to come back at the weekend.
The cats are in the garden.
The match begins at four o'clock.
Suddenly a ball comes through the window.
There is Joe with his brother.
We have English with Mr. Harold.

3. Unterstreiche die Präpositionen in den folgenden Formulierungen zum "Classroom-English".

Can I help you with the worksheets?

Can we work with a partner?

Look at the board, please!

What's for homework?

4. Übersetze zwei Formulierungen aus Übung 3 ins Deutsche. Beachte die Hinweise im Kasten.

_____

_____

Kurzer Wissenscheck

Die Präposition (Verhältniswort)

1. Ich kenne die Wortart Präposition.

Kreuze die richtigen Aussagen an.

- [ ] 1. Präpositionen geben im Satz Verhältnisse zu Raum, Zeit und Grund an.
- [ ] 2. Präpositionen erfordern bei Nomen und Pronomen immer den Akkusativ.
- [ ] 3. Präpositionen erfordern unterschiedliche Fälle (Kasus).
- [ ] 4. Wenn es keine Präpositionen gäbe, wären Texte nur schwer zu verstehen.
- [ ] 5. Präpositionen sind für die Formulierung von Texten nicht unbedingt erforderlich.
- [ ] 6. Manche Präpositionen gehören fest zum Verb, Adjektiv oder Nomen.
- [ ] 7. Manche Präpositionen verschmelzen mit dem bestimmten Artikel.

2. Ich kann den Kasus von Nomen und Pronomen nach bestimmten Präpositionen richtig setzen.

Trage in den folgenden Sätzen den richtigen Kasus der Ausdrücke in der Klammer ein.

Auf die Frage „wo?" folgt der Dativ.

Pippas Zimmer

Das selbst gemalte Bild hängt an _____. (die Wand)

Vor _____ liegt ein kleiner roter Teppich. (der Schrank)

Der Stuhl steht unter _____ . (der Schreibtisch)

Neben _____ steht ein kleines Tischchen mit einer Lampe. (das Bett)

3. Ich kann Verschmelzungen von Präposition und Artikel auflösen.

durchs ganze Jahr – *durch das ganze Jahr* _____

ins neue Jahrtausend – _____

vorm Einschlafen – _____

4. Ich kann passende Präpositionen einsetzen und einen Text damit lesbar machen.

Schreibe passende Präpositionen aus dem Speicher an den erforderlichen Stellen der Reihe nach über den Text.

~~auf~~, in, zum, auf, von, in

        auf
Schwan legt Verkehr | der Autobahn lahm

Ein Schwan hat Japan vorübergehend den Verkehr Stillstand gebracht. Eine Polizeistreife hatte den verletz-

ten Vogel der Fahrbahn entdeckt. Der Schwan konnte einem Polizisten eingefangen werden. Er wurde die

Tierklinik gebracht.

© Schöningh 978-3-14-025132-7

41

Lösungen

Die Präposition (Verhältniswort)

Basismaterial (S. 37)

1. Reihenfolge: 5., 3., 2., 3., 2., 4. (1. gilt für alle Beispiele)
2. **für** ihren Neffen, **gegen** die Torlatte, **zum** Allwetterzoo, **auf** den Baum, **Während** der Aufführung, **wegen** einer starken Erkältung, **von** seinem Freund, **vor** dem Kino

Differenzierungsmaterial 1 (S. 38)

1. mit meinem Freund (3. Fall – Dativ); ohne seinen Vater (4. Fall – Akkusativ), während der Theateraufführung (3. Fall – Dativ); von der Freundin (3. Fall – Dativ), mit ihr (3. Fall – Dativ) warten auf das Fest (4. Fall – Akkusativ)
2. **an** der Nordseeküste, **während** eines Sturms, **zur** Seehundstation, **von** der Seehundstation **in** N. **an** diesem Dienstag, **von** dem Finder, **trotz** einer leichten Nabelentzündung **in** einem sehr guten körperlichen Zustand, **in** einem Aufzuchtbecken, **für** die Auswilderung nötige Mindestgewicht **von** 25 Kilogramm
3. Frage: **Wo** liegt die Katze? Antwort: unter **dem** Tisch (**Dativ**). **Wohin** geht Emmi? Antwort: in **die** Schule (**Akkusativ**). **Wo** steht Julian? Antwort: **hinter** dem Pult (**Dativ**).
4. zwischen **den** Tisch und **den** Schrank, unter **dem** Sofa, über **den** Stuhl, vor **dem** Kino, in **seinem** Baumhaus.

Differenzierungsmaterial 2 (S. 39)

1. **über das** Geländer, **in das** Kino, **unter dem** Schrank, **auf das** Pferd
2. **Verb:** sich erkundigen **nach**, bitten **um**, hindern **an**, warten **auf**, reden **über**; **Adjektiv:** voll **von**, besorgt **über**, froh **über**, stolz **auf**, gierig **nach**; **Nomen:** Verständnis **für**, Hunger **auf**, Sehnsucht **nach**
3. Beispiele: Er **erkundigt sich nach** dem Weg. Die Großmutter ist **stolz auf** ihr Enkelkind. Er hat öfter **Hunger auf** ein Stück Kuchen.
4. sich **zwischen** zwei Möglichkeiten entscheiden, **über** jemanden sprechen, **vor** dem Ertrinken retten, **über** eine Straße laufen, **von** jemandem etwas geschenkt bekommen, **aus** dem Haus kommen, **vor** dem Kino warten, sich **auf** die Klassenarbeit vorbereiten, **an** der AG teilnehmen, sich **für** etwas entscheiden, sich **um** den Kranken kümmern

Differenzierungsmaterial 3 (S. 40)

1. **on** the table, **behind** the table, **under** the table, **between** table and chair   auf, hinter, unter, zwischen
2. **about** ghosts, **at** the bus stop, **in front of** my house, **at** the weekend, **in** the garden, **at** four o'clock, **through** the window, **with** his brother, **with** Mr. Harold
3. **with** the worksheets, **with** a partner, **at** the board, **for** homework
4. Schaut an die Tafel, bitte! Was haben wir als Hausaufgabe auf?

Kurzer Wissenscheck (S. 41)

1. Richtig sind: 1., 3., 4., 6., 7.
2. **an der** Wand, **Vor dem** Schrank, **unter dem** Schreibtisch, **Neben dem** Bett
3. **in das** neue Jahrtausend, **vor dem** Einschlafen
4. Schwan legt Verkehr **auf** der Autobahn lahm
   Ein Schwan hat **in** Japan vorübergehend den Verkehr **zum** Stillstand gebracht. Eine Polizeistreife hatte den verletzten Vogel **auf** der Fahrbahn entdeckt. Der Schwan konnte **von** einem Polizisten eingefangen werden. Er wurde **in** die Tierklinik gebracht.

Modul 6: Das Adverb (Umstandswort)

Das Adverb bestimmt die näheren Umstände eines Geschehens. Adverbien geben an:
- **wo** etwas geschieht (**Ort, Richtung**): da, dort, drüben, draußen, hier, dorthin, heimwärts, nirgends;
- **wann, wie lange, wie oft** etwas geschieht (**Zeit**): schließlich, heute, inzwischen, jetzt, bald, oft, heute, morgen, abends, zunächst, sofort, endlich, plötzlich, kürzlich, einst, demnächst;
- **wie** etwas geschieht (**Art und Weise**): so, sehr, gern, ziemlich, außerordentlich, möglicherweise, keineswegs, insbesondere;
- **warum** etwas geschieht (**Grund**): darum, deshalb, daher, folglich, also.

Adverbien können in der Regel im Satz nicht verändert werden, anders als Adjektive (Eigenschaftswörter), die man deklinieren und steigern kann.

1. In jedem der folgenden Sätze findet sich ein Adverb. Unterstreiche es. In einem Satz stehen zwei Adverbien.

- Heute ist schönes Wetter.
- Die Müllers wollen daher den Zoo in Hannover besuchen.
- Olaf und seine Schwester Malena sind sehr gespannt.
- Vor einem Rundgang durch den Zoo steigen sie zunächst alle an einer Anlegestelle in ein Boot.
- Man kommt darin ziemlich nah an den Flusspferden vorbei.
- Malena möchte gern die Fütterung der Eisbären beobachten.
- Olaf will nachher die Vorführung mit den Seehunden sehen.
- Einige Stunden später sind schließlich alle erschöpft.
- Abends geht es heimwärts.

2. Schreibe in abgekürzter Form jeweils über die Adverbien, was sie jeweils angeben.

Ort (O.), Zeit (Z.), Art und Weise (A.), Grund (G.)

3. Im Folgenden sind Adverbien und Adjektive aufgeführt. Adverbien können ihre Form im Satz nicht verändern, Adjektive dagegen wohl. Kennzeichne in der Klammer mit Adjektiv (Adj.) oder Adverb (Adv.). Mache bei den Adjektiven die Steigerungsprobe, wenn du unsicher bist.

(   ) morgens, (   ) dumm, (   ) dort, (   ) nett, (   ) nie, (   ) freundlich,

(   ) oft, (   ) demnächst, (   ) vielleicht, (   )schnell, (   ) teilweise,

(   ) lang, (   ) hier, (   ) abends, (   ) schön, (   ) später

4. Bilde Gegensatzpaare: zuletzt – zuerst ...

| aufwärts, heute, überall, hinaus, drinnen, oft, immer, morgens, hinten |

| vorn, nirgendwo, abends, selten, nie, morgen, draußen, herein, abwärts |

_____

_____

_____

© Schöningh 978-3-14-025132-7

Modul 6: Das Adverb (Umstandswort)

■ Das Adverb

1. Adverbien geben in einem Satz an, wo, wann, wie und warum etwas geschieht.
Ordne die Adverbien aus dem Wortspeicher in die Tabelle ein.

> heute, gern, rückwärts, kopfüber, unten, damals, deshalb, nämlich, draußen, übermorgen, drinnen, oben, fast, zuerst, oft, nie, daher, sehr

Ort/Richtung	Zeit	Art und Weise	Grund
wo? woher? wohin?	wann? wie lange? wie oft?	wie?	warum? weshalb?
_____	_____	_____	_____
_____	_____	_____	_____
_____	_____	_____	_____
_____	_____	_____	_____

2. Die Wortart Adverb, die immer kleingeschrieben wird, wird manchmal aus anderen Wortarten gebildet.
Bilde Adverbien mithilfe der Wörter im Speicher. Schreibe sie in die Tabelle.

> ~~freundlich~~ ~~Abend~~ Nachmittag hoffen Samstag Mittag möglich glücklich ~~Wissen~~
> Morgen vergeben vermuten Stück

Bildung mit -s	Bildung mit -weise	Bildung mit -tlich
abend**s**	freundlicher**weise**	wissen**tlich**
_____	_____	_____
_____	_____	_____
_____	_____	_____

3. Unterstreiche in den folgenden Witzen die Adverbien. Die Anzahl steht jeweils hinter dem Text.

- Zwei Fischdamen sitzen wieder auf einer Koralle bei ihrer Morgentoilette. Fragt die eine: „Würdest du mir jetzt wohl bitte deinen Kamm leihen?" Darauf die andere: „Bist du verrückt, bei deinen vielen Schuppen!?" (3)

- Wie kommt eine Ameise über einen Fluss? –
Ganz einfach: Sie nimmt das A weg und fliegt hinüber. (2)

- Ein Froschmann und eine Froschfrau sitzen am Teich. Plötzlich beginnt es zu regnen. Jetzt quakt der Froschmann: „Komm, lass uns sofort ins Wasser springen, sonst werden wir nass." (3)

- Dinobaby: „Mama, wo komme ich demnächst hin, wenn ich tot bin? In den Himmel oder in die Hölle?" Dinomama: „Du wirst weder oben noch unten sein, Schatz. Du kommst ins Museum." (3)

© Schöningh 978-3-14-025132-7

Das Adverb

1. Setze in den folgenden Text passende Adverbien aus dem Speicher ein.

Fahrt zum Allwetterzoo

Niki fragt _____ ihre Freundin Anne, ob sie _____ mit in den Allwetterzoo

fährt. Anne ist _____ dazu bereit. Niki möchte _____ losfahren.

_____ überprüfen beide Mädchen noch einmal ihre Räder. _____ geht es los

Richtung Zoo. Sie erreichen _____ den Parkplatz vor dem Zoo. Sie suchen

_____ einen Abstellplatz für ihre Räder. _____ und _____ sind

die Fahrradständer schon voll. _____ ist die Kasse. Die beiden Mädchen stellen sich

_____ an. Sie sind _____ nach 20 Minuten auf dem Zoogelände.

> heute, jetzt, vielleicht, deshalb, deshalb, gern, sofort,
> rechts, drüben, links, endlich, bald, bereits, schließlich

2. In jedem der folgenden Sätze passt ein Adverb nicht in den Textzusammenhang. Streiche es durch, ersetze es durch ein passendes Adverb aus dem Speicher. Streiche jeweils durch und schreibe darüber.

Im Allwetterzoo

- *schließlich*
  Niki und Anne haben ziemlich auch die Schlange an der Kasse überstanden.

- Sie folgen morgens dem vorgeschlagenen Rundgang im Zoo.

- Vor dem Riesenkäfig für die Raubvögel bleiben sie unterdessen stehen.

- Oft setzen sie sich auf die Bank am Flamingoteich.

- Niki möchte darum die Vorführung mit den Delfinen sehen.

- Diese fängt inzwischen um 12.30 Uhr an.

- Erfreulicherweise müssen sie sich beeilen.

- Sie erreichen drüben das Delfinarium im Zentrum des Zoogeländes.

- Niki ist es eilends warm geworden.

- Sie holt sich bald zur Abkühlung noch schnell ein Eis.

- Abends besorgt Anne schon die Karten.

- Die Mädchen sind zunächst gespannt auf die Vorführung.

> sehr, inzwischen, ziemlich, deshalb, dann, daher, mittags, gern, danach, jetzt, schließlich, zunächst

Modul 6: Das Adverb (Umstandswort)

© Schöningh 978-3-14-025132-7

Kurzer Wissenscheck

Das Adverb (Umstandswort)

1. Ich kenne mich mit Adverbien aus.

Kreuze die richtigen Aussagen an

☐ 1. Adverbien können im Satz ihre Form verändern.

☐ 2. Adverbien können im Satz ihre Form nicht verändern.

☐ 3. Adverbien geben in einem Satz Tätigkeiten an.

☐ 4. Adverbien geben die Umstände des Geschehens an; sie geben an, wo, wann, wie, warum etwas passiert.

☐ 5. Adverbien bezeichnen im Satz Lebewesen, Gegenstände und Eigenschaften.

☐ 6. Adverbien sind in Sätzen und in Texten notwendig, um Umstände des Geschehens zu verdeutlichen.

2. Ich kann Adverbien nach Ort (O.), Zeit (Z.), Art und Weise (A.) und Grund (G.) unterscheiden.

Schreibe die Abkürzung in die Klammer.

vergebens (   ), keineswegs (   ), immer (   ), nämlich (   ), folglich (   ), also (   ), morgens (   ),

irgendwo (   ), kürzlich (   ), unten (   ), endlich (   )

3. Ich kann Adverbien in Texten benennen und ihre Bedeutung (Ort, Zeit, Art und Weise, Grund) kennzeichnen.

a) Unterstreiche in den folgenden Witzen die Adverbien.

- Lisa stöhnt: „Mama, ich kann heute nicht zur Schule gehen. Ich fühle mich ziemlich schlecht." „Oh, wo denn, mein Kind?" „In der Schule." (2)

- Lisa und ihre Mutter treffen nachmittags Lisas Lehrerin. „Wieso hast du sie denn jetzt nicht gegrüßt?", schimpft ihre Mutter ziemlich aufgebracht. „Mensch, Mama, seit gestern sind Ferien." (4)

- Der Lehrer erklärt gerade im Chemieunterricht: „Im Jahr 1871 hat ein schwedischer Chemiker schließlich den Sauerstoff entdeckt." Sofort zeigt Lisa auf und fragt: „Und was haben die Menschen vorher geatmet?" (4)

b) Ordne die Adverbien nach ihre Bedeutung.

Zeit: _____

_____

Art und Weise: _____

_____

Lösungen

Das Adverb (Umstandswort)

Basismaterial (S. 43)

1./2.
- Heute (Z.) ist schönes Wetter.
- Die Müllers wollen daher (G.) den Zoo in Hannover besuchen.
- Olaf und seine Schwester Malena sind sehr (A.) gespannt.
- Vor einem Rundgang durch den Zoo steigen sie zunächst (Z.) alle an einer Anlegestelle in ein Boot.
- Man kommt darin ziemlich (A.) nah an den Flusspferden vorbei.
- Malena möchte gern (A.) die Fütterung der Eisbären beobachten.
- Olaf will nachher (Z.) die Vorführung mit den Seehunden sehen.
- Einige Stunden später sind schließlich (Z.) alle erschöpft.
- Abends (Z.) geht es heimwärts (O.).

3. (Adv.) morgens, (Adj.) dumm, (Adv.) dort, (Adj.) nett, (Adv.) nie, (Adj.) freundlich, (Adv.) oft, (Adv.) demnächst, (Adv.) vielleicht, (Adj.) schnell, (Adv.) teilweise, (Adj.) lang, (Adv.) hier, (Adv.) abends, (Adj.) schön, (Adj.) später

4. aufwärts – abwärts, heute – morgen, überall – nirgendwo, hinaus – herein, drinnen – draußen, oft – selten, immer – nie, morgens – abends, hinten – vorn

Differenzierungsmaterial 1 (S. 44)

1. **Ort und Richtung:** unten, draußen, drinnen, oben; **Zeit:** heute, damals, übermorgen, zuerst, oft, kürzlich, nie; **Art und Weise:** gern, rückwärts, kopfüber, sehr; **Grund:** deshalb, nämlich, daher

2. **Bildung mit -s:** nachmittags, samstags, mittags, morgens, vergebens; **Bildung mit -weise:** möglicherweise, glücklicherweise, stückweise; **Bildung mit -tlich:** hoffentlich, vermutlich

3.
- Zwei Fischdamen sitzen wieder auf einer Koralle bei ihrer Morgentoilette. Fragt die eine: „Würdest du mir jetzt wohl bitte deinen Kamm leihen?" Darauf die andere: „Bist du verrückt, bei deinen vielen Schuppen!?"
- Wie kommt eine Ameise über einen Fluss? – Ganz einfach: Sie nimmt das A weg und fliegt hinüber.
- Ein Froschmann und eine Froschfrau sitzen am Teich. Plötzlich beginnt es zu regnen. Jetzt quakt der Froschmann: „Komm, lass uns sofort ins Wasser springen, sonst werden wir nass."
- Dinobaby: „Mama, wo komme ich demnächst hin, wenn ich tot bin? In den Himmel oder in die Hölle?" Dinomama: „Du wirst weder oben noch unten sein, Schatz. Du kommst ins Museum."

Differenzierungsmaterial 2 (S. 45)

1. Beispiele: Niki fragt **heute** ihre Freundin Anne, ob sie **vielleicht** mit in den Allwetterzoo fährt. Anne ist **gern** dazu bereit. Niki möchte **sofort** losfahren. **Deshalb** überprüfen beide Mädchen noch einmal ihre Räder. **Endlich** geht es los Richtung Zoo. Sie erreichen **schließlich** den Parkplatz vor dem Zoo. Sie suchen **jetzt** einen Abstellplatz für ihre Räder. **Links** und **rechts** sind die Fahrradständer schon voll. **Drüben** ist die Kasse. Die beiden Mädchen stellen sich **sofort** an. Sie sind **deshalb** nach 20 Minuten auf dem Zoogelände.

2. Beispiele:
- Sie folgen ~~morgens~~ **dann** dem vorgeschlagenen Rundgang im Zoo.
- Vor dem Riesenkäfig für die Raubvögel bleiben sie ~~unterdessen~~ **zunächst** stehen.
- ~~Oft~~ **Danach** setzen sie sich auf die Bank am Flamingoteich.
- Niki möchte ~~darum~~ **gern** die Vorführung mit den Delfinen sehen.
- Diese fängt ~~inzwischen~~ **mittags** um 12.30 Uhr an.
- ~~Erfreulicherweise~~ **Daher** müssen sie sich beeilen.
- Sie erreichen ~~drüben~~ **jetzt** das Delfinarium im Zentrum des Zoogeländes.
- Niki ist es ~~eilends~~ **ziemlich** warm geworden.

© Schöningh 978-3-14-025132-7

- Sie holt sich ~~bald~~ **deshalb** zur Abkühlung noch schnell ein Eis.
- ~~Abends~~ **Inzwischen** besorgt Anne schon die Karten.
- Die Mädchen sind ~~zunächst~~ **sehr** gespannt auf die Vorführung.

Kurzer Wissenscheck (S. 46)

1. Richtig sind: 2., 4., 6.
2. vergebens (A.), keineswegs (A.), immer (Z.), nämlich (G.), folglich (G.), also (G.), morgens (Z.), irgendwo (O.), kürzlich (Z.), unten (O.), endlich (Z.)
3. **a)** und **b)** • Lisa stöhnt: „Mama, ich kann heute (Z.) nicht zur Schule gehen. Ich fühle mich ziemlich (A.) schlecht."„Oh, wo denn, mein Kind?" „In der Schule."
   - Lisa und ihre Mutter treffen nachmittags (Z.) Lisas Lehrerin. „Wieso hast du sie denn jetzt (Z.)nicht gegrüßt?", schimpft ihre Mutter ziemlich (A.) aufgebracht. „Mensch, Mama, seit gestern (Z.) sind Ferien."
   - Der Lehrer erklärt gerade (Z.) im Chemieunterricht: „Im Jahr 1871 hat ein schwedischer Chemiker schließlich (Z.) den Sauerstoff entdeckt." Sofort (Z.)zeigt Lisa auf und fragt: „Und was haben die Menschen vorher (Z) geatmet?"

Modul 7: Die Konjunktion (Bindewort)

Die Bezeichnung Bindewort für die Konjunktion weist auf die Aufgabe dieser Wortart im Satz hin:
Die **Konjunktion verbindet Wörter, Wortgruppen und Sätze.**
Man unterscheidet nach ihrer Leistung im Satz zwei Arten von Konjunktionen:

- **nebenordnende Konjunktionen:** und, oder, aber, sowohl … als auch, trotzdem, deshalb, denn darum. Sie verbinden Wörter, Wortgruppen und Hauptsätze: Sie isst gerne <u>Äpfel</u>, <u>Birnen</u> **und** <u>süße Apfelsinen</u>. <u>Emmi will ins Schwimmbad fahren</u>, **aber** <u>Hanna hat keine Lust.</u>
- **unterordnende Konjunktionen:** nachdem, als, da, damit, wenn, weil, während, obgleich, dass. Diese schließen immer einen (untergeordneten) Nebensatz an einen Hauptsatz an; sie **verbinden Nebensatz und Hauptsatz** zu einem **Satzgefüge.** <u>Nebensatz</u> und <u>Hauptsatz</u> werden immer durch ein Komma abgetrennt: <u>Boris schaut sich den Film an</u>, weil <u>alle davon reden.</u>
- Unterordnende Konjunktionen können Nebensätze in unterschiedlicher Bedeutung einleiten:
  - Nebensätze der **Zeit** (als, bevor, nachdem, sobald, während, bis),
  - Nebensätze des **Grundes** (weil, da),
  - Nebensätze des **Gegensatzes** (obgleich, obwohl).

1. Man unterscheidet nebenordnende (n) und unterordnende Konjunktionen (u). Kennzeichne entsprechend die folgenden Beispiele und Beispielsätze mit n oder u.

☐ **und, oder, aber, sowohl … als auch**

☐ Silke, Niki **und** Emmi wollen morgen den Zoo besuchen.

☐ **daher, deswegen, denn**

☐ **Weil** <u>Nelli sauer ist</u>, <u>kommt sie nicht zu dem Treffen.</u>

☐ **trotzdem, dennoch**

☐ <u>Tim mag Mathe</u>, **aber** <u>Lisa interessiert sich mehr für Englisch.</u>

☐ **nachdem, damit, bevor, während, bis, als**

☐ **Obwohl** <u>schlechtes Wetter angesagt ist</u>, <u>fällt der Wandertag nicht aus.</u>

☐ Tim will **sowohl** schwimmen **als auch** Fahrrad fahren.

☐ **obgleich, obwohl**

2. In jedem der folgenden Witze steht eine unterordnende Konjunktion. Kennzeichne sie durch einen Kasten. Markiere danach den Hauptsatz und den Nebensatz durch Unterstreichung bzw. eine Wellenlinie. Denke daran: Die Konjunktion leitet den Nebensatz ein.

- Vorsichtig balanciert Nele zwei Eiswaffeln am Strand entlang. Als sie fast am Strandkorb der Familie angekommen ist, fällt ein Eis in den Sand. „Oh, Mama, schade um dein schönes Eis!", meint sie.

- Dicke Luft vor dem Abendessen. „Wie ist Mama denn darauf gekommen, dass du dir die Hände nicht gewaschen hast?", fragt Nele ihren kleinen Bruder. „Ich habe vergessen, die Seife nass zu machen."

- Tante Auguste kommt mal wieder zu Besuch. „Wie lange willst du bleiben?", fragt die Mutter ihre Schwester. „Ich bleibe nur so lange, bis ich euch auf die Nerven falle." „Oh, nur so kurz?", meint Nele.

© Schöningh 978-3-14-025132-7

■ Die Konjunktion

1. Unterscheide und kennzeichne im Kästchen:
[n] – nebenordnende Konjunktion; [u] – unterordnende Konjunktion.

☐ Tim **und** Tom sind gute Freunde.

☐ Er weiß, **dass** sie kommt.

☐ Sie mag **sowohl** Obst **als auch** Gemüse und Salat.

☐ Ich komme heute **oder** morgen.

☐ Er sieht sich noch einmal die Vokabeln an, **damit** der Test morgen klappt.

☐ **Weil** sie krank ist, geht sie heute nicht zur Schule.

☐ Die Zuschauer strömen aus dem Stadion, **nachdem** das Spiel zu Ende ist.

☐ Sie will mitmachen, **aber** nur einmal.

2. Bei den folgenden Sätzen aus einer Lügengeschichte des Lügenbarons von Münchhausen fehlen Konjunktionen. Setze jeweils eine passende Konjunktion aus den Wortspeichern in die Lücken ein.

> **unterordnende Konjunktionen:** Weil, Nachdem, Nachdem, obwohl, ob, dass, Als, Als, da, sodass

> **nebenordnende Konjunktionen:** und, und, und, oder

_____ der Baron von Münchhausen ein vorzüglicher Erzähler war, hörten seine Zuhörer ihm mit gespannter Aufmerksamkeit zu. Sie wussten nicht immer so genau, _____ er seine seltsamen Geschichten nur erfunden _____ selbst erlebt hatte.

_____ er sich auf einer Reise durch Russland in einer Schneewüste verirrt hatte, band er sein Pferd an einem aus dem Boden ragenden spitzen Gegenstand fest _____ schlief sofort ein.

_____ er ausgiebig geschlafen hatte, wachte er am nächsten Morgen wieder auf. Er fand sich, _____ er in einer Schneewüste eingeschlafen war, plötzlich auf einem Kirchplatz wieder.

_____ er nach oben schaute, sah er sein Pferd an der Kirchturmspitze hängen. Blitzartig erkannte er jetzt, _____ er gestern Abend sein Pferd an der Kirchturmspitze angebunden hatte. _____ in der Nacht das Wetter umgeschlagen _____ der Schnee geschmolzen war, hing nun das Pferd am Kirchturm und wieherte laut. Mit einem gezielten Schuss aus der Pistole zerschoss er den Zügel, _____ das Pferd herunterspringen konnte. _____ es sich ein wenig erholt hatte, schwang sich Münchhausen in den Sattel _____ ritt davon.

3. Unterstreiche in den Sätzen zur Übung 2 die <u>Hauptsätze</u>. Kennzeichne die <u>Nebensätze</u> durch eine Wellenlinie.

© Schöningh 978-3-14-025132-7

■ Die Konjunktion

1. Unterscheide im Kästchen: $\boxed{n}$ – nebenordnende Konjunktion; $\boxed{u}$ – unterordnende Konjunktion.

☐ **während, weil, obgleich, dass**

☐ Der Baron von Münchhausen war ein tüchtiger Jäger **und** Reiter, **aber** auch ein guter Geschichten-erzähler.

☐ **oder, aber, sowohl ... als auch**

☐ Es sind mehr als zweihundert Jahre her, **dass** der Lügenbaron seine Geschichten erzählte.

☐ Die Gäste des Lügenbarons hörten ihm gerne zu, **obwohl** die meisten wussten, **dass** seine Abenteuer erfunden waren.

☐ Der Baron von Münchhausen reiste **nicht nur** zu Pferde, **sondern** er unternahm **auch** abenteuer-liche Reisen zu Schiff.

2. Bilde mithilfe der unterordnenden Konjunktion in der Klammer ein Satzgefüge, das heißt, einen <u>Hauptsatz</u> und einen <u>Nebensatz</u>. Setze das Komma zwischen Hauptsatz und Nebensatz.

einige Wochen vergangen/traf in Ceylon ein (nachdem)

<u>Nachdem einige Wochen vergangen waren,</u> traf ich in Ceylon ein.

schwüle Hitze nicht gewohnt/erster Tag im Urwald äußerst anstrengend (da)

_____

_____

meinen Begleiter verloren/ich wartete am Ufer eines reißenden Flusses (weil)

_____

_____

ein riesiger Löwe trat aus dem Gebüsch/vor Schreck blieb mir fast das Herz stehen (als)

_____

_____

vom ersten Schrecken erholt/ein hungriges Krokodil kam ans Ufer gekrochen (nachdem)

_____

_____

kam vor Angst ins Stolpern/Löwe zum Sprung ansetzte (als)

_____

_____

Löwe wollte mich fressen/landete selbst im aufgesperrten Rachen des Krokodils (obwohl)

_____

_____

3. Kennzeichne in deinen Satzgefügen der 2. Übung <u>Hauptsätze</u> durch Unterstreichen und <u>Nebensätze</u> durch eine Wellenlinie.

© Schöningh 978-3-14-025132-7

Modul 7: Die Konjunktion (Bindewort)

Deutsch-Englisch: Konjunktionen/conjunctions

Auch im Englischen haben die Bindewörter (conjunctions) unterschiedliche Aufgaben:
- **Nebenordnende Konjunktionen** verknüpfen
  - Wörter (bread and butter),
  - Wortgruppen (in the garden and in the house),
  - Hauptsätze (He likes me but I don't like him.).
- **Unterordnende Konjunktionen** leiten Nebensätze ein; sie verbinden den <u>Nebensatz</u> mit dem <u>Hauptsatz</u>. (John finishes his homework **before** he watches TV.)

1. Unterstreiche in den beiden Beispielsätzen oben (He likes me ...)/(John finishes ...) die nebenordnende Konjunktion rot und die unterordnende Konjunktion blau.

2. Ordne nebenordnende und unterordnende Konjunktionen ein. Schreibe in Klammern die deutsche Übersetzung dazu.

   Englisch: and, but, or, because, before, so, when, while, after, if
   Deutsch: falls, nachdem, aber, oder, bevor, daher, als, während, weil, und

   nebenordnende Konjunktion   **unterordnende Konjunktion**

   _____   _____

   _____   _____

   _____   _____

3. Übertrage die folgenden Sätze ins Deutsche. Kennzeichne die Konjunktionen in den Beispielsätzen mit: [n] – nebenordnend; [u] – unterordnend.

   ☐ Jane is ill so she doesn't go to school.

   _____

   ☐ They can eat in the garden or in the house.

   _____

   ☐ When his father comes in, he starts working.

   _____

   ☐ Can you give me your ruler and your pencil?

   _____

   ☐ Mary can't come because she's too busy.

   _____

4. Unterordnende Konjunktionen können im Englischen wie im Deutschen unterschiedliche Bedeutungen haben. Ordne ein: because, when, before, after. Schreibe die deutschen Übertragungen in Klammern dahinter: weil, als, bevor, nachdem.

   Grund   **Zeit**

   _____   _____

   _____   _____

Kurzer Wissenscheck

Die Konjunktion (Bindewort)

1. Ich kenne die Wortart Konjunktion.

Kreuze die richtigen Aussagen an.

- ☐ 1. Konjunktionen verbinden im Satz Wörter.
- ☐ 2. Konjunktionen verbinden im Satz Wörter, Wortgruppen und Sätze.
- ☐ 3. Man unterscheidet zwischen nebenordnenden und unterordnenden Konjunktionen.
- ☐ 4. Unterordnende Konjunktionen verbinden gleichrangige Hauptsätze.
- ☐ 5. Nebenordnende Konjunktionen verbinden gleichrangige Hauptsätze.
- ☐ 6. Unterordnende Konjunktionen schließen Nebensätze an Hauptsätze an, ordnen diese dem Hauptsatz unter und verbinden beide zu einem Satzgefüge.
- ☐ 7. Unterordnende Konjunktionen leiten immer einen Nebensatz ein.
- ☐ 8. Nebenordnende Konjunktionen verbinden Hauptsatz und Nebensatz.
- ☐ 9. Hauptsatz und Nebensatz werden immer durch ein Komma abgetrennt.

2. Ich kann unterordnende und nebenordnende Konjunktionen unterscheiden.

Ordne die folgenden Konjunktionen aus dem Wortspeicher in die Tabelle ein.

> obgleich, oder, und, obwohl, weil, aber, daher, darum, ob, wenn, während, dass, sowohl … als auch, bevor

nebenordnend

daher,

unterordnend

3. Ich kann unterordnende Konjunktionen in Sätzen erkennen und Nebensatz und Hauptsatz kennzeichnen.

Markiere die ⬡Konjunktion⬡ jeweils durch einen Kasten, kennzeichne den <u>Hauptsatz</u> durch Unterstreichen und den <u>Nebensatz</u> durch eine Wellenlinie.

Weil Merle nicht kommt, ist Nelli traurig.

Tim will mitmachen, obwohl er eigentlich keine Zeit hat.

Alle freuen sich, als Merle schließlich doch erscheint.

4. Ich kann mithilfe einer unterordnenden Konjunktion aus Hauptsätzen ein Satzgefüge bilden.

Verbinde jeweils die beiden Hauptsätze zu einem Satzgefüge; kennzeichne den <u>Hauptsatz</u> durch Unterstreichen und den <u>Nebensatz</u> durch eine Wellenlinie.

Tim will eine Fahrradtour machen. Es ist schlechtes Wetter. (obwohl)

Niki hat sich mit Luisa verabredet. Sie wollen zur Bücherei fahren. (weil)

© Schöningh 978-3-14-025132-7

53

Lösungen

Die Konjunktion (Bindewort)

Basismaterial (S. 49)

1. Lösung: n, n, n, u, n, n, u, u, n, u
2. • [Als] sie fast am Strandkorb der Familie angekommen ist, fällt ein Eis in den Sand.
   • Wie ist Mama denn darauf gekommen, [dass] du dir die Hände nicht gewaschen hast?
   • Ich bleibe nur so lange, [bis] ich euch auf die Nerven falle.

Differenzierungsmaterial 1 (S. 50)

1. Lösung: n, u, n, n, u, u, u, n
2./3. **Weil** der Baron von Münchhausen ein vorzüglicher Erzähler war, hörten seine Zuhörer ihm mit gespannter Aufmerksamkeit zu. Sie wussten nicht immer so genau, **ob** er seine seltsamen Geschichten nur erfunden **oder** selbst erlebt hatte. **Als** er sich auf einer Reise durch Russland in einer Schneewüste verirrt hatte, band er sein Pferd an einem aus dem Boden ragenden spitzen Gegenstand fest **und** schlief sofort ein. **Nachdem** er ausgiebig geschlafen hatte, wachte er am nächsten Morgen wieder auf. Er fand sich, **obwohl** er in einer Schneewüste eingeschlafen war, plötzlich auf einem Kirchplatz wieder. **Als** er nach oben schaute, sah er sein Pferd an der Kirchturmspitze hängen. Blitzartig erkannte er jetzt, **dass** er gestern Abend sein Pferd an der Kirchturmspitze angebunden hatte. **Da** in der Nacht das Wetter umgeschlagen und der Schnee geschmolzen war, hing nun das Pferd am Kirchturm und wieherte laut. Mit einem gezielten Schuss aus der Pistole zerschoss er den Zügel, **sodass** das Pferd herunterspringen konnte. **Nachdem** es sich ein wenig erholt hatte, schwang sich Münchhausen in den Sattel **und** ritt davon.

Differenzierungsmaterial 2 (S. 51)

1. Lösung: u, n, n, u, u, n
2./3. • Da ich die schwüle Hitze nicht gewohnt war, war der erste Tag im Urwald äußerst anstrengend.
   • Weil ich meinen Begleiter verloren hatte, wartete ich am Ufer eines reißenden Flusses.
   • Als ein riesiger Löwe aus dem Gebüsch trat, blieb mir vor Schreck fast das Herz stehen.
   • Nachdem ich mich vom ersten Schrecken erholt hatte, kam ein hungriges Krokodil ans Ufer gekrochen.
   • Ich kam vor Angst ins Stolpern, als der Löwe zum Sprung ansetzte.
   • Obwohl der Löwe mich fressen wollte, landete er selbst im aufgesperrten Rachen des Krokodils.

Differenzierungsmaterial 3: Deutsch-Englisch (S. 52)

1. He likes me **but** (rot) I don't like him. John finishes his homework **before** (blau) he watches TV.
2. **nebenordnend:** and (und), but (aber), or (oder), so (daher); **unterordnend:** because (weil), before (bevor), when (als), while (während), after (nachdem), if (falls)
3. (n) **so** – Jane ist krank, **daher** geht sie nicht zur Schule./(n) **or** – Sie können im Garten **oder** im Haus essen./(u) **when** – **Als** sein Vater hereinkommt, beginnt er zu arbeiten./(n) **and** – Kannst du mir (mal) dein Lineal **und** deinen Bleistift geben?/(u) **because** – Mary kann nicht kommen, **weil** sie zu viel zu tun hat.
4. **Grund:** because (weil); **Zeit:** when (als), before (bevor), after (nachdem)

Kurzer Wissenscheck (S. 53)

1. Richtig sind: 2., 3., 5., 6., 7., 8., 9.
2. **nebenordnend:** oder, und, aber, daher, darum, sowohl ... als auch
   unterordnend: obgleich, obwohl, weil, ob, wenn, während, dass, bevor
3. Weil Merle nicht kommt, ist Nelli traurig.
   Tim will mitmachen, obwohl er eigentlich keine Zeit hat.
   Alle freuen sich, als Merle schließlich doch erscheint.
4. Obwohl schlechtes Wetter ist, will Tim eine Fahrradtour machen.
   Weil sie zur Bücherei fahren wollen, hat sich Niki mit Luisa verabredet.

© Schöningh 978-3-14-025132-7

Modul 8: Wortbildung

Im Verlaufe der Geschichte unserer Sprache sind immer wieder neue Wörter gebildet worden. Diese Entwicklung ist auch heute noch im Gange. Auf zweierlei Weise können neue Wörter gebildet werden:

1. Durch **Zusammensetzungen** (Komposita): Aus vorhandenen Wörtern werden neue Wörter gebildet: das Haus + die Tür → die Haustür. Der erste Bestandteil der Zusammensetzung heißt **Bestimmungswort**, der zweite Bestandteil **Grundwort**. Das Grundwort stellt die Basis der Zusammensetzung dar; es bestimmt den Artikel und somit auch das grammatische Geschlecht des neuen Wortes: **die** Haus**tür**.
2. Durch **Ableitungen**: Hierbei werden neue Wörter aus unterschiedlichen Wörtern und Wortbausteinen gebildet. Beispiel: Aus dem Wortstamm -fahr- lassen sich mithilfe weiterer Wortbausteine unterschiedliche neue Wörter, bilden: **weg**fah**ren**, **ab**fah**ren**, der Fah**rer**, die **Ab**fahr**t**, be**fahr**bar**, die Fäh**re**.
3. **Wortfamilie:** Wörter, die den gleichen Wortstamm haben, sind miteinander verwandt. Es kann sich dabei um Wortzusammensetzungen oder Ableitungen handeln. Man spricht dann von einer Wortfamilie. Beispiel: **renn**en, das **Renn**rad, der **Renn**fahrer, das Rad**renn**en, weg**renn**en.

1. Schreibe in das Kästchen jeweils folgende Abkürzungen:
   Z – Zusammensetzung; A – Ableitung, W – Wortfamilie.

   ☐ klein + schreiben → kleinschreiben; die Sonne + der Schein → der Sonnenschein; der Stein + hart → steinhart

   ☐ das Kind → die Kind**heit**, der Freund → freund**lich**, laufen → **weg**laufen

   ☐ das Un**glück**, **glück**lich, un**glück**lich, ver**unglück**en, **Glück**, **Glück**stag

   ☐ der Kunde → die Kund**schaft**, brechen → **zer**brechen; das Eis → **eis**ig

   ☐ weg**fahr**en, das **Fahr**rad, der **Fahr**er, be**fahr**en, ab**fahr**en, der **Fahr**er

   ☐ das Glas + das Fenster → das Glasfenster oder das Fensterglas

2. Bilde aus den folgenden Nomen/Substantiven neue Nomenzusammensetzungen. Manchmal musst du einen zusätzlichen Buchstaben (e oder n) einfügen. Setze den passenden Artikel vor das neue Wort. Es muss zu dem Grundwort passen.

   Bestimmungswort: Hund, Stadt, Buch, Haus, Schokolade, Sommer, Lehrer

   Grundwort: Leine, Laden, Plan, Dach, Kuchen, Zimmer, Ferien

   die Hundeleine, _____

   _____

3. Bilde Ableitungen aus dem Ausgangswort und den Wortbausteinen. Setze vor die neuen Nomen/Substantive den bestimmten Artikel.

Ausgangswort	Wortbaustein	Ableitung
fahren	ver-	Verb: *verfahren* _____
das Haus	-chen	Nomen: _____
kennen	-is	Nomen: _____
kommen	ent-	Verb: _____
die Heimat	-los	Adjektiv: _____

© Schöningh 978-3-14-025132-7

■ Wortbildung

1. Schreibe aus dem folgenden Fantasiegedicht mindestens noch fünf zusammengesetzte Nomen/
Substantive (aus zwei Teilen) auf, die im Wörterbuch stehen.

Komische Berufe

Krepppapierfeldrosenblätterstielverzierer
Schwarzwaldrotkirschkuchenblecheinschmierer
Zündholzschachtelseitendeckzündblattverlierer
Schwarzjohannisbeerenspeiseeisverrührer
Weißkrautkopffrischblättersafteinfrierer
Fernschnellzugheizkachelofenschürer
Rundweltreiseherrngesellschaftsfremdenführer

Alfons Schweiggert

(aus: ders.: Seht, wie die Zeit vergeht, Beltz Verlag (Programm Beltz & Gelberg), Weinheim/Basel 1974)

das Krepppapier, _____

_____

2. Bilde neue zusammengesetzte Adjektive aus den folgenden Wörtern. Einmal musst du einen zusätzlichen Buchstaben (n) einfügen.

		neues Adjektiv
süß	sauer	*süßsauer*
der Himmel	blau	
die Seide	weich	
dunkel	grün	
das Wunder	schön	

3. Setze vor die folgenden Zusammensetzungen (Komposita) den bestimmten Artikel und erkläre kurz
die Bedeutung der Zusammensetzung.

_____ Computerspiel – *ein Spiel, das man am Computer spielen kann*

_____ Gewinnspiel – _____

_____ Spielhalle – _____

_____ Spielauto – _____

4. Bilde zu dem Ausgangswort *Schlaf* unterschiedliche Zusammensetzungen und Ableitungen. Setze bei
den Nomen/Substantiven jeweils den bestimmten Artikel davor.

Ausgangswort	**Zusammensetzungen**	**Ableitungen**
der Schlaf	*der Schlafanzug,*	*verschlafen,*

5. Streiche die drei Wörter durch, die nicht zur Wortfamilie *fahren* gehören.

die Überfahrt, die Fährte, der Fahrer, befahren, anfahren, bewahren, die Abfahrt, die Zahlung,
die Erfahrung, gefährlich, die Fährte, die Fähre, die Anfahrt, sie fanden, die Urlaubsfahrt

Differenzierungsmaterial 2

 **Wortbildung**

1. Bilde neue Zusammensetzungen aus Bestimmungswort und Grundwörtern. Setze den passenden bestimmten Artikel vor die neuen Zusammensetzungen.

> **Bestimmungswort:** Haus

> **Grundwort:** Hund, Aufgabe, Verwaltung, Dach, Arbeit, Frau, Herr, Tür, Eingang

der Haushund, _____

_____

2. Bilde aus den Bestimmungswörtern und aus dem Grundwort neue zusammengesetzte Nomen. Setze jeweils den passenden bestimmten Artikel davor.

> **Bestimmungswort:** Wald, Garten, Gewächs, hoch, doppelt, Schnecke, Land

> **Grundwort:** Haus

das Waldhaus, _____

_____

3. Leite mithilfe der angegebenen Wörter und Wortbausteine neue Nomen/Substantive ab. Setze vor die neuen Nomen den Artikel.

> **Wörter:** gefangen, gesund, ergeben, Lehrer, backen, wagen, Herr, dumm, wandern, krank, irren, heiter

> **Wortbausteine:** -schaft, -heit, -keit, -ung, -nis, -tum, -er, -in

die Gefangenschaft, _____

_____

4. Leite neue Adjektive aus den Nomen/Substantiven und den Wortbausteinen ab. Einmal musst du einen Vokal in einen Umlaut ändern (a wird zu ä), zweimal musst du einen Vokal (e) weglassen.

> **Nomen:** Freund, Freude, Macht, Heimat, Furcht, Mann, Wunder, Dank, Gedanken, Glaube, Dauer

> **Wortbausteine:** -bar, -ig, -lich, -los, -sam, -haft

_____

_____

5. Bilde neue Verben (Ableitungen) mithilfe der Wörter und Wortbausteine.

> **Verben:** legen, laufen, rennen, brechen, schneiden, kennen, treten, kommen, trösten, fließen

> **Wortbausteine:** ent-, ver-, zer-

_____

_____

Deutsch-Englisch: Wortbildung/word formation

1. Auch im Englischen kennt man Zusammensetzungen; sie bestehen aus zwei oder mehr zusammenge-fügten Wörtern. Schreibweise: mal in einem Wort, mal in zwei Wörtern, manchmal mit Bindestrich. Übertrage die folgenden Zusammensetzungen ins Deutsche.

the teacup – _____

the sleeping bag – _____

the blackboard – _____

dark brown – _____

the computer game – _____

2. Durch Hinzufügen von Vorsilben kann man ein neues Wort mit veränderter Bedeutung bilden. Dabei ändert sich die Wortart nicht. Unterstreiche die Vorsilbe; schreibe die Übersetzung in die Klammer.

to appear (*erscheinen*), to di**s**appear (*verschwinden*)

the smoker (_____), the non-smoker (_____)

the star (_____), the superstar (_____)

correct (_____), incorrect (_____)

3. Durch das Hinzufügen von Nachsilben lassen sich neue Wörter einer anderen Wortart bilden. Unterstreiche die Nachsilben; ergänze die fehlenden Wörter.

Verb	Nomen	Nomen	Adjektiv
to build	*the building*	the danger	*dangerous*
to feel	_____	the friend	*friendly*
to translate	*the translation*	the sun	*sunny*
to paint	*the painter*	the rain	_____
to write	_____	the wind	_____
to sing	_____	the love	_____

4. Bei manchen Wörtern geht eine Wortart in die andere über, d. h. es geht um Wortartwechsel ohne Vor- oder Nachsilbe. Ergänze die Übertragungen.

to paint (*malen*) – the paint (*die Farbe*)

to shop (_____) – the shop (_____)

to visit (_____) – the visit (_____)

to answer (_____) – the answer (_____)

to smoke (_____) – the smoke (_____)

5. Auch im Englischen gibt es **Wortfamilien** (word families). Übertrage die folgende Wortfamilie ins Deutsche.

to paint, the painter, the painting, the paintbrush – _____

_____

Kurzer Wissenscheck

Wortbildung

1. Ich kenne wichtige Grundsätze der Wortbildung.

Kreuze die richtigen Aussagen an.

- [ ] 1. Eine Zusammensetzung ist die Verbindung von zwei oder mehreren Wörtern.
- [ ] 2. Das Grundwort in der Zusammensetzung bestimmt den Artikel des neuen Wortes und somit auch das grammatische Geschlecht.
- [ ] 3. Das Bestimmungswort erklärt das Grundwort näher.
- [ ] 4. Bei Ableitungen werden Wörter zusammengesetzt.
- [ ] 5. Bei Ableitungen werden neue Wörter aus unterschiedlichen Wortbausteinen gebildet.
- [ ] 6. Eine Wortfamilie enthält verwandte Wörter, diese haben einen gemeinsamen Wortstamm.
- [ ] 7. Eine Wortfamilie besteht aus einer Reihe beliebiger Wörter.

2. Ich kann Zusammensetzungen bilden.

Ordne Verben, Nomen/Substantive und Adjektive mithilfe der beiden Wortspeicher entsprechend ein.

entgegen, Bus, dunkel, Zucker, Klasse, zusammen

kommen, schreiben, Verbindung, süß, Lehrer, blond

zwei Nomen: _____ , _____

zwei Verben: _____ , _____

zwei Adjektive: _____ , _____

3. Ich kann die Bedeutung von Zusammensetzungen erklären.

Setze den bestimmten Artikel vor die beiden Zusammensetzungen und erkläre die Bedeutung.

_____ Blumentopf – _____

_____ Topfblume – _____

4. Ich kann Ableitungen bilden.

Bilde aus dem Ausgangswort und aus dem Wortbaustein jeweils ein neues Wort.

Ausgangswort	Wortbaustein	Ableitung
laufen	ent-	Verb: _____
der Freund	-lich	Adjektiv: _____
rechnen	aus-	Verb: _____
der Mann	-schaft	Nomen: _____

Lösungen

Wortbildung

Basismaterial (S. 56)

1. Z, A, W, A, W, Z
2. Beispiele: der Stadtplan, der Buchladen, das Hausdach, der Schokoladenkuchen, die Sommerferien, das Lehrerzimmer
3. das Häuschen, die Kenntnis, entkommen, heimatlos

Differenzierungsmaterial 1 (S. 57)

1. Beispiele: die Feldrosen, die Rosenblätter, der Schwarzwald, das Kuchenblech, die Holzschachtel
2. himmelblau, seidenweich, dunkelgrün, wunderschön
3. das Computer**spiel** – ein Spiel, das man am Computer spielen kann; das Gewinn**spiel** – ein Spiel, bei dem man gewinnen kann; die Spiel**halle**, ein großer Raum, in dem Computerspiel-Apparate aufgestellt sind; das Spiel**auto** – ein Auto zum Spielen
4. Beispiele: Zusammensetzungen: der Schlafwagen, schlafwandeln, der Tiefschlaf, die Schlafmütze, Schlafenszeit, Ableitungen: einschlafen, schlaflos, einschläfern, entschlafen
5. bewahren, die Zahlung, sie fanden

Differenzierungsmaterial 2 (S. 58)

1. **der** Haus**hund**, **die** Haus**aufgabe**, **die** Haus**verwaltung**, **das** Haus**dach**, **die** Haus**arbeit**, **die** Haus**frau**, **der** Haus**herr**, **die** Haus**tür**, **der** Haus**eingang**
2. **das** Wald**haus**, **das** Garten**haus**, **das** Gewächs**haus**, **das** Hoch**haus**, **das** Doppel**haus**, **das** Schnecken**haus**, **das** Land**haus**
3. die Gesundheit, das Ergebnis, die Lehrerin, der Bäcker, das Wagnis, die Herrschaft, die Dummheit, die Wanderung, die Krankheit, der Irrtum, die Heiterkeit
4. freundlich, freudig, machtlos und mächtig, heimatlos und heimatlich, furchtlos und furchtsam, männlich, wunderbar und wunderlich, dankbar, gedankenlos, glaubhaft, dauerhaft
5. verlegen und zerlegen, entlaufen, verlaufen und zerlaufen, verrennen, zerbrechen, zerschneiden, verkennen, zertreten, entkommen und verkommen, vertrösten, zerfließen

Differenzierungsmaterial 3 (S. 59)

1. die Teetasse, der Schlafsack, die Tafel, dunkelbraun, das Computerspiel
2. der Raucher – der Nichtraucher, der Star – der Superstar, richtig – unrichtig/falsch
3. to feel – the feel**ing**, to write – the writ**er**, to sing – the sing**er**, the rain – rain**y**, the wind – wind**y**, the love – love**ly**
4. to shop (kaufen, einkaufen) – the shop (der Laden, das Geschäft); to visit (besuchen) – the visit (der Besuch); to answer – antworten – the answer – die Antwort; to smoke (rauchen) – the smoke (der Rauch)
5. malen, der Maler, das Gemälde, der Malpinsel

Kurzer Wissenscheck (S. 60)

1. Richtig sind: 1., 2., 3., 5., 6.
2. **Nomen:** die Busverbindung, der Klassenlehrer; **Verben:** entgegenkommen, zusammenschreiben; **Adjektive:** dunkelblond, zuckersüß
3. der Blumentopf – ein Topf für eine Blume; die Topfblume – eine Blume in einem Topf
4. entlaufen, freundlich, ausrechnen, die Mannschaft

© Schöningh 978-3-14-025132-7

Modul 9: Satzreihe und Satzgefüge

1. **Satzreihe:** Wenn ein Hauptsatz mit einem anderen Hauptsatz verbunden ist, spricht man von Satzreihe. Sie besteht **aus mindestens zwei Hauptsätzen**. Zwischen den Hauptsätzen kann sowohl ein Punkt als auch ein Komma stehen. Die Hauptsätze können auch durch eine **nebenordnende Konjunktion** wie *und, oder, aber, sowohl ... als auch* verbunden werden. Vor *und* und *oder* steht in der Regel kein Komma: Mike ist Schüler der Klasse 5b. (,) Kira ist in der 5d.
Felix ist mein Freund. (,) A(a)ber er ist heute nicht da.

2. **Satzgefüge:** In einem Satzgefüge sind Hauptsatz/Basissatz und Nebensatz miteinander verknüpft oder zusammengefügt.
   a) Konjunktionaler Nebensatz
   Durch unterordnende Konjunktionen (*wie, nachdem, als, da, damit, wenn, weil, während, bevor, obgleich, dass*) wird der Nebensatz dem Hauptsatz untergeordnet. Man spricht von einem konjunktionalen Nebensatz: Tim freut sich, weil er einen Kanarienvogel bekommt.
   b) Relativsatz als Nebensatz
   Auch ein Relativpronomen (bezügliches Fürwort) kann einen Nebensatz einleiten. Relativpronomen sind: *der, die, das, welcher, welche, welches.* Beispiel:
   Lisa beobachtet den Wellensittich, der sich wohlfühlt.

1. Unterscheide: Satzreihe oder Satzgefüge? Schreibe in die Kästchen Sr. (Satzreihe) oder Sg. (Satzgefüge).

   [ ] 1. Sie schwimmen im Meer, aber sie sind keine Fische.

   [ ] 2. Obwohl sie Namen haben wie Seehund, Seelöwe oder Walross, haben sie mit richtigen Hunden, Löwen oder Rössern wenig zu tun.

   [ ] 3. Es ist klar, dass die Rede von Robben ist.

   [ ] 4. Die Robben, die an das Leben im Wasser angepasst sind, lebten wahrscheinlich in früheren Zeiten einmal auf dem Land.

   [ ] 5. Es waren vermutlich bärenähnliche Tiere, die vor 30 Mio. Jahren ihren Lebensraum wechselten.

   [ ] 6. Die meisten Robben müssen heute noch ihre Jungen auf Sandbänken zur Welt bringen. Und das könnte ein Beleg für ihren frühgeschichtlichen Lebensraum sein.

2. Arbeite mit den Sätzen aus Übung 1 in folgender Weise.
   ● Unterstreiche in allen Beispielen den Hauptsatz.
   ● Markiere alle Konjunktionen (3) durch ein Kästchen.
   ● Kennzeichne auch die Relativpronomen (2) durch ein Kästchen.
   ● Kennzeichne jetzt in den Satzgefügen die Nebensätze durch eine Wellenlinie.

3. Formuliere das Satzgefüge jeweils um. Kennzeichne danach in deinen Sätzen wie in den Beispielen Hauptsatz und Nebensatz sowie Konjunktion und Relativpronomen.

   Die bekanntesten Robben sind die Seehunde, die man an der Nordsee gut beobachten kann.

   Seehunde, _____,

   sind die bekanntesten _____.

   Weil sie sich auf Sandbänken gut ausruhen können, bevorzugen sie flache Sandküsten.

   Sie bevorzugen _____, weil _____

   _____.

© Schöningh 978-3-14-025132-7

◼ Satzreihe und Satzgefüge

1. In den folgenden Satzgefügen sind jeweils ein Hauptsatz und ein Nebensatz miteinander verknüpft. Unterstreiche jeweils den <u>Hauptsatz</u> und kennzeichne den <u>Nebensatz</u> durch eine Wellenlinie. Markiere [Konjunktion] und [Relativpronomen] durch ein Kästchen.

- Gestern war Polizisten gemeldet worden, dass ein großes Schwein auf der Autobahn den Verkehr gefährdet.
- Das Borstentier entpuppte sich dann aber als ein junges Nilpferd, das einem Tierhändler entlaufen war.
- Weil der Besitzer es schnell einfangen konnte, wurde der Verkehr nicht gefährdet.

2. Einen Nebensatz kann man oft daran erkennen dass er durch eine Konjunktion (Bindewort) oder ein Relativpronomen (bezügliches Fürwort) eingeleitet wird. Außerdem steht das Verb im Nebensatz immer am Ende. Kennzeichne in den folgenden Satzgefügen den <u>Nebensatz</u> jeweils mit einer Wellenlinie, unterstreiche den <u>Hauptsatz</u>.

- Weil der Pilot einer Boing 707 eine Maus im Cockpit entdeckte, verhinderte dies den Start der Maschine.
- Der blinde Passagier, der immer wieder entwischte, konnte von der Crew des Flugzeugs nicht eingefangen werden.
- Nachdem die Polizei gerufen worden war, gelang schließlich die „Verhaftung" des Nagetiers.
- Das Mäuschen hatte jedoch immerhin bewirkt, dass der Flug nach Teheran um mehrere Stunden verschoben werden musste.

3. Markiere in den Sätzen unter Übung 2 jeweils im Nebensatz die [Konjunktion] und das [Relativpronomen] durch einen Kasten.

4. Der folgende Text besteht nur aus Satzreihen, das heißt aus einer Aneinanderreihung von Hauptsätzen. Manche Hauptsätze sind durch ein Komma getrennt, manche durch einen Punkt. Unterstreiche die <u>Hauptsätze</u>. Kennzeichne die nebenordnenden [Konjunktionen] (Bindewörter) durch einen Kasten.

- <u>Ein Bäckermeister aus Hamburg wunderte sich,</u> [denn] <u>eines Morgens stand ein junger Elefant in seinem Laden.</u>
- In aller Seelenruhe vernaschte er die frisch gebackenen Brötchen, dabei ließ er sich durch niemanden stören.
- Der Bäckermeister alarmierte die Polizei und diese verständigte den Dompteur eines Zirkusunternehmens.
- Der Dompteur eilte sofort herbei. Er konnte schließlich den Dickhäuter zur Rückkehr in seinen Stall bewegen.

5. Formuliere aus der folgenden Satzreihe mithilfe der Konjunktion in der Klammer ein Satzgefüge. Kennzeichne in deinem Satz den <u>Hauptsatz</u> und den <u>Nebensatz</u>.

Ein junger Elefant verirrte sich in eine Bäckerei. Er machte sich sofort über die frischen Brötchen her. (als)

Als sich ein _____, machte er sich

_____ .

© Schöningh 978-3-14-025132-7

Modul 9: Satzreihe und Satzgefüge

Satzreihe und Satzgefüge

1. Kennzeichne im Kästchen: Satzreihe [Sr.] und Satzgefüge [Sg.].

☐ Ein Storchenpaar sorgte für eine zoologische Sensation.
Denn die beiden Vögel brüteten ein Pinguin-Ei aus.

☐ Pingu ist bereits drei Wochen alt. Es geht ihm gut.

☐ Die Tierpflegerin, die das von den Eltern aus der Bruthöhle geworfene
Pinguin-Ei entdeckt hatte, päppelt den kleinen Pingu mit der Flasche auf.

☐ Weil das Ei nicht in die Bruthöhle zurückgelegt werden konnte, schob sie es aus einer Laune
heraus dem Storchenpaar unter.

☐ Die Störche saßen abwechselnd zwei Wochen auf dem Ei, daher war die Brutpflege vorzüglich.

2. Markiere in den Satzgefügen unter Übung 1 die ⬚Konjunktion⬚ (1) und das ⬚Relativpronomen⬚ (1) durch ein Kästchen; kennzeichne in den Satzreihen die <u>Hauptsätze</u> und in den Satzgefügen den <u>Hauptsatz</u> und den <u>Nebensatz</u>.

3. Die folgenden Sätze sind Satzgefüge mit einem Nebensatz, der jeweils mit einer Konjunktion (Binde-wort) beginnt. Markiere alle ⬚Konjunktionen⬚ durch ein Kästchen. Kennzeichne <u>Hauptsatz</u> und <u>Neben-satz</u>.

- Den Kauf eines Haustieres muss man gut überlegen, weil ein Tier Pflege und Zuwendung braucht.

- Wenn ein kleiner Käfigvogel Zugluft bekommt, kann er sich leicht erkälten.

- Katzen gelten oft, weil sie verspielt sind, als ideale Spielgefährten für Kinder.

- Manche Tierfreunde machen sich nicht so richtig klar, dass man für die Haltung eines Kanarienvo-gels auch Geduld benötigt.

- Nicht wenige Kinder entscheiden sich für einen Zwerghamster, weil dieser nicht so viel Platz benötigt.

4. Markiere in den folgenden Satzgefügen zunächst das ⬚Relativpronomen⬚ (bezügliches Fürwort) durch einen Kasten. Beachte, dass vor dem Relativpronomen auch eine Präposition stehen kann. Kennzeichne danach jeweils <u>Hauptsatz</u> und <u>Nebensatz</u>.

- Wellensittiche, die zu den Schwarmvögeln gehören, leben gern gesellig.

- Ein Wellensittich, welcher allein in einem Käfig ist, schließt sich bei intensivem, täglichem Kontakt eng an seine Pflegerin oder seinen Pfleger an.

- Der Käfig, in dem sich ein Wellensittich geborgen fühlt, muss groß genug sein.

- Er sollte mit einem Spiegel, mit dem sich der Sittich die Langeweile vertreiben kann, ausgestattet sein.

- Die Gitterstäbe, an denen Sittiche gerne knabbern, sollten aus Metall sein und waagerecht verlaufen.

- Die Sittiche, die als Haustiere sehr beliebt sind, zeigen den Menschen gegenüber in der Regel ein freundliches Gemüt.

© Schöningh 978-3-14-025132-7

Deutsch-Englisch: Satzreihe und Satzgefüge/compound sentence and complex sentence

Auch im Englischen unterscheidet man Hauptsätze (main clauses) und Nebensätze (subordinate clauses).

Ein **Hauptsatz** kann allein stehen: Mrs Brown is happy.

Wenn Hauptsätze miteinander verbunden werden, spricht man von **Satzreihe**:

Mrs Brown is working. Her son is helping her.

Zur Verbindung von Hauptsätzen kann man wie im Deutschen bestimmte Konjunktionen nutzen (and, or, but):

Mrs. Brown is working **and** John is helping her.

Mrs. Brwon is working **but** John doesn't help her.

Von einem **Satzgefüge** spricht man, wenn ein Hauptsatz (main clause) mit einem Nebensatz (subordinate clause) verbunden wird. Der Nebensatz kann u. a. eingeleitet werden

- durch eine Konjunktion (when, where, because, if, before, after)
- durch ein Relativpronomen (who).

Beispiel:

main clause   subordinate clause

Kate can't play tennis (because) she must do her homework.

---

1. Kennzeichne in den folgenden Satzgefügen (Konjunktion) und (Relativpronomen) sowie Hauptsatz und Nebensatz wie im Beispielsatz unten im Merkkasten.

This isn't the boy who has stolen the money.

I'll phone you when we get home.

2. Übertrage den letzten englischen Beispielsatz aus dem Merkkasten und die beiden englischen Sätze aus Übung 1 ins Deutsche. Kennzeichne (Konjunktion), (Relativpronomen), Hauptsatz und Nebensatz wie in den englischen Sätzen. Beachte: Im Deutschen werden Hauptsatz und Nebensatz immer durch ein Komma getrennt.

_____

_____

_____

_____

3. Übertrage die folgenden deutschen Sätze ins Englische. Stell dir dabei vor, du müsstest für jemanden übersetzen, der kein Englisch versteht.

Er mag mich, aber ich mag ihn nicht. _____

Wir gehen nach Hause, weil es zu kalt wird. (to get too cold) _____

_____

Frau Brown ist glücklich, als Mary ihr hilft. _____

_____

4. Unterstreiche in den deutschen und englischen Sätzen in Übung 3 die Hauptsätze, kennzeichne die Nebensätze durch eine Wellenlinie.

© Schöningh 978-3-14-025132-7

Modul 9: Satzreihe und Satzgefüge

Kurzer Wissenscheck

Satzreihe und Satzgefüge

1. Ich kenne mich mit Satzreihen und Satzgefügen aus.

Kreuze die richtigen Aussagen an.

☐ 1. In einem Satzgefüge sind Hauptsatz und Nebensatz zusammengefügt.

☐ 2. Der Nebensatz wird nie durch eine unterordnende Konjunktion eingeleitet.

☐ 3. Einen Nebensatz kann man unter anderem daran erkennen, dass das Verb am Ende steht.

☐ 4. Ein Nebensatz wird oft durch eine Konjunktion oder durch ein Relativpronomen eingeleitet.

☐ 5. In einer Satzreihe werden Hauptsätze aneinandergereiht.

☐ 6. Eine Satzreihe wird nie durch eine nebenordnende Konjunktion verbunden.

☐ 7. Ein Relativsatz, der durch ein Relativpronomen eingeleitet wird, stellt in einem Satzgefüge einen Nebensatz dar.

2. Ich kann Satzreihe und Satzgefüge unterscheiden.

Trage jeweils in das Kästchen ein: Satzreihe (Sr.) oder Satzgefüge (Sg.).

☐ Im Biologieunterricht der Klasse 5b geht es zurzeit um Elefanten, daher ist für nächste Woche ein Zoobesuch eingeplant.

☐ Für viele Naturforscher steht fest, dass die Afrikanischen Elefanten vom Aussterben bedroht sind.

☐ Gewissenlose Wilderer, die hinter dem kostbaren Elfenbein her sind, machen Jagd auf Elefanten.

☐ Wenn eine Elefantenkuh getötet wird, bedeutet dies auch oft den Tod des jungen Kalbes.

☐ Die Wilderer haben es vor allem auf die älteren Tiere mit den größten Stoßzähnen abgesehen. Aber dies ist für die Herde besonders verhängnisvoll.

☐ Tierschützer unternehmen alles, damit das Leben der einzigartigen Tiere bewahrt wird.

3. Ich kann Konjunktionen, Relativpronomen, Hauptsätze und Nebensätze unterscheiden.

a) Kennzeichne in der Klammer jeweils mit R (Relativpronomen) oder mit K (Konjunktion).

der (   ), welches (   ), als (   ), obgleich (   ), dass (   ), nachdem (   ), die (   ), das (   ),

welche (   ), weil (   ), bevor (   ), bis (   )

b) Markiere in allen Sätzen der Übung 2 die Konjunktionen und Relativpronomen mit einem Kästchen. Kennzeichne danach die Hauptsätze durch Unterstreichen und die Nebensätze durch eine Wellenlinie.

© Schöningh 978-3-14-025132-7

Lösungen

Satzreihe und Satzgefüge

Basismaterial (S. 62)

1. (Sr.) 1.; (Sg.) 2.; (Sg.) 3.; (Sg.) 4.; (Sg.) 5.; (Sr.) 6.
2. Sie schwimmen im Meer, aber sie sind keine Fische. Obwohl sie Namen haben wie Seehund, Seelöwe oder Walross, haben sie mit richtigen Hunden, Löwen oder Rössern wenig zu tun. Es ist klar, dass die Rede von Robben ist. Die Robben, die an das Leben im Wasser angepasst sind, lebten wahrscheinlich in früheren Zeiten einmal auf dem Land. Es waren vermutlich bärenähnliche Tiere, die vor 30 Mio. Jahren ihren Lebensraum wechselten. Die meisten Robben müssen heute noch ihre Jungen auf Sandbänken zur Welt bringen. Und das könnte ein Beleg für ihren frühgeschichtlichen Lebensraum sein.
3. Seehunde, die man an der Nordsee gut beobachten kann, sind die bekanntesten Robben. Sie bevorzugen flache Sandküsten, weil sie sich auf Sandbänken gut ausruhen können.

Differenzierungsmaterial 1 (S. 63)

1. • Gestern war Polizisten gemeldet worden, dass ein großes Schwein auf der Autobahn den Verkehr gefährdet.
   • Das Borstentier entpuppte sich dann aber als ein junges Nilpferd, das einem Tierhändler entlaufen war.
   • Weil der Besitzer es schnell einfangen konnte, wurde der Verkehr nicht gefährdet.
2./3. • Weil der Pilot einer Boing 707 eine Maus im Cockpit entdeckte, verhinderte dies den Start der Maschine.
   • Der blinde Passagier, der immer wieder entwischte, konnte von der Crew des Flugzeugs nicht eingefangen werden.
   • Nachdem die Polizei gerufen worden war, gelang schließlich die „Verhaftung" des Nagetiers.
   • Das Mäuschen hatte jedoch immerhin bewirkt, dass der Flug nach Teheran um mehrere Stunden verschoben werden musste.
4. • In aller Seelenruhe vernaschte er die frisch gebackenen Brötchen, dabei ließ er sich durch niemanden stören.
   • Der Bäckermeister alarmierte die Polizei und diese verständigte den Dompteur eines Zirkusunternehmens.
   • Der Dompteur eilte sofort herbei. Er konnte schließlich den Dickhäuter zur Rückkehr in seinen Stall bewegen.
5. Als sich ein junger Elefant in eine Bäckerei verirrte, machte er sich sofort über die frischen Brötchen her.

Differenzierungsmaterial 2 (S. 64)

1. Sr., Sr., Sg., Sg., Sr.
2. Ein Storchenpaar sorgte für eine zoologische Sensation. Denn die beiden Vögel brüteten ein Pinguin-Ei aus. Pingu ist bereits drei Wochen alt. Es geht ihm gut. Die Tierpflegerin, die das von den Eltern aus der Bruthöhle geworfene Pinguin-Ei entdeckt hatte, päppelt den kleinen Pingu mit der Flasche auf. Weil das Ei nicht in die Bruthöhle zurückgelegt werden konnte, schob sie es aus einer Laune heraus dem Storchenpaar unter. Die Störche saßen abwechselnd zwei Wochen auf dem Ei, daher war die Brutpflege vorzüglich.

© Schöningh 978-3-14-025132-7

3. • Den Kauf eines Haustieres muss man gut überlegen, weil ein Tier Pflege und Zuwendung braucht.
   • Wenn ein kleiner Käfigvogel Zugluft bekommt, kann er sich leicht erkälten.
   • Katzen gelten oft, weil sie verspielt sind, als ideale Spielgefährten für Kinder.
   • Manche Tierfreunde machen sich nicht so richtig klar, dass man für die Haltung eines Kanarienvogels auch Geduld benötigt.
   • Nicht wenige Kinder entscheiden sich für einen Zwerghamster, weil dieser nicht so viel Platz benötigt.

4. • Wellensittiche, die zu den Schwarmvögeln gehören, leben gern gesellig.
   • Ein Wellensittich, welcher allein in einem Käfig ist, schließt sich bei intensivem, täglichem Kontakt eng an seine Pflegerin oder seinen Pfleger an.
   • Der Käfig, in dem sich ein Wellensittich geborgen fühlt, muss groß genug sein.
   • Er sollte mit einem Spiegel, mit dem sich der Sittich die Langeweile vertreiben kann, ausgestattet sein.
   • Die Gitterstäbe, an denen Sittiche gerne knabbern, sollten aus Metall sein und waagerecht verlaufen.
   • Die Sittiche, die als Haustiere sehr beliebt sind, zeigen den Menschen gegenüber in der Regel ein freundliches Gemüt.

Differenzierungsmaterial 3: Deutsch-Englisch (S. 65)

1. This isn't the boy who has stolen my money. I'll phone you when we get home.
2. Kate kann kein Tennis spielen, weil sie ihre Hausaufgaben machen muss. Dies ist nicht der Junge, der mein Geld gestohlen hat. Ich rufe an, wenn wir nach Hause kommen.
3./4. Er mag mich, aber ich mag ihn nicht. He likes me, but I don't like him. Wir gehen nach Hause, weil es zu kalt ist. We go home because it gets too cold. Frau Brown ist glücklich, als Mary ihr hilft. Mrs Brown is happy when Mary helps her.

Kurzer Wissenscheck (S. 66)

1. Richtig sind: 1., 3., 4., 5., 7.
2. Sr., Sg., Sg., Sg., Sr., Sg.
3. a) der (R), welches (R), als (K), obgleich (K), dass (K), nachdem (K), die (R), das (R), welche (R), weil (K), bevor (K), bis (K)
   b) Im Biologieunterricht der Klasse 5b geht es zurzeit um Elefanten, daher ist für nächste Woche ein Zoobesuch eingeplant. Für viele Naturforscher steht fest, dass die Afrikanischen Elefanten vom Aussterben bedroht sind. Gewissenlose Wilderer, die hinter dem kostbaren Elfenbein her sind, machen Jagd auf Elefanten. Wenn eine Elefantenkuh getötet wird, bedeutet dies auch oft den Tod des jungen Kalbes. Die Wilderer haben es vor allem auf die älteren Tiere mit den größten Stoßzähnen abgesehen. Aber dies ist für die Herde besonders verhängnisvoll. Tierschützer unternehmen alles, damit das Leben der einzigartigen Tiere bewahrt wird.

Modul 10: Satzglieder und Satzproben

> Bausteine des Satzes sind die **Satzglieder**, nicht die Einzelwörter. Die Satzglieder kannst du mithilfe der **Umstellprobe** herausfinden: Wörter, die man im Satz gemeinsam umstellen kann, gehören zu einem Satzglied. Es kann aus einem Wort oder mehreren Wörtern bestehen. Beispiel:
>
> | Felix | **übt** | seit zwei Wochen | an seinem Zaubertrick | .
>
> | An seinem Zaubertrick | **übt** | Felix | seit zwei Wochen | .

1. Formuliere mithilfe der Umstellprobe zwei weitere Möglichkeiten für den Beispielsatz.

_____

_____

2. Stelle den folgenden Satz noch zweimal um. Kennzeichne die Satzglieder durch einen Kasten.

Johanna erzählt ihrer besten Freundin einen neuen Witz.

_____

_____

3. Hier sind die Satzglieder auseinandergerissen. Schreibe den Satz richtig auf. Kennzeichne die Satzglieder.

Die Schülerinnen und Schüler   heute   machen   Besuch   Zoo   im   der Klasse

5a   einen

_____

_____

> Mithilfe der **Ersatzprobe** kann man einzelne Satzglieder durch andere Ausdrücke ersetzen.
>
> Beispiel: Emmi   beobachtet   das Elefantenjunge .
>
> Sie   beobachtet   den kleinen Dickhäuter .

4. Kennzeichne in den folgenden Sätzen zunächst die Satzglieder (4). Ersetze danach mithilfe der Ersatzprobe mindestens ein Satzglied. Möglichkeiten: sie, ihn, dort, er, ihn, mit Wasser, neugierig, ihnen, es.

Im Elefantenhaus sehen die beiden Jungen die große Elefantenkuh.

_____

Der Wärter bespritzt den Elefantenbullen mit einem Wasserschlauch.

_____

Ein Elefantenjunges nähert sich den Kindern voller Neugier.

_____

© Schöningh 978-3-14-025132-7

■ Satzglieder und Satzproben

1. Stelle den folgenden Satz mithilfe der Umstellprobe noch zweimal um. Das Verb steht in allen Sätzen an zweiter Stelle der Satzglieder. Ermittle die fünf Satzglieder. Kennzeichne sie jeweils durch einen Kasten.

Meine große Schwester Greta hilft mir oft bei den Hausaufgaben.

_____

_____

2. Hier sind die Satzglieder auseinandergerissen. Schreibe die Sätze richtig auf. Kennzeichne die Satzglieder durch einen Kasten.

Gestern   Lippesee   am   ich   Tim   war   mit   meinem   Freund

_____

eine   Am   Waldweg   wir   sahen   Gestalt   dunkel   gekleidete

_____

3. Die folgenden Sätze stammen aus einer Gruselgeschichte. Korrigiere den zweiten und vierten Satz, indem du die Umstellprobe der Satzglieder und gleichzeitig die Ersatzprobe bei den fett gedruckten Satzgliedern machst.

1. Der geheimnisvolle **Unbekannte** kommt plötzlich näher.
2. **Der Unbekannte** berührt jetzt den vor Angst schlotternden Jungen.
3. Das verängstigte **Kind** will sofort wegrennen.
4. **Das Kind** bleibt jedoch wie gebannt auf einem Fleck stehen.

Satz 2: _____

Satz 4: _____

4. Bei den folgenden Satzpaaren aus einer schriftlichen Erzählung werden die gleichen Ausdrücke gebraucht. Mache die **Ersatzprobe**, ersetze im jeweils zweiten Satz das markierte Satzglied durch einen anderen Ausdruck.

- Der unheimliche Unbekannte **sagt** nichts.
  Plötzlich **sagt** er unverständliche Worte.

_____

- Jetzt hört der Junge in der Ferne ein **Geräusch**.
  Das Geräusch kommt immer näher.

_____

- Ein **seltsames Wesen** schwebt auf ihn zu.
  Jetzt steht **das seltsame Wesen** direkt vor ihm.

_____

- Wie war **das Gespenst** nur in das Zimmer **des Jungen** gekommen?
  Auf einmal will **das Gespenst die Hände des Jungen** anfassen.

_____

© Schöningh 978-3-14-025132-7

Satzglieder und Satzproben

> Die **Erweiterungsprobe** ist neben der Umstellprobe und Ersatzprobe eine weitere Satzprobe, die du für das eigene Schreiben gut nutzen kannst. Mithilfe der Erweiterungsprobe kann man den Satz um weitere Satzglieder oder einzelne Satzglieder um weitere Wörter ergänzen. Beispiel:
>
> | Felix | freute sich |.
>
> | **Mein Freund** Felix | freute sich | **gestern** | **über sein Geschenk** |.

1. Erweitere wie im Beispiel im Kasten mithilfe der Erweiterungsprobe den folgenden Satz um weitere Einzelheiten. Übernimm die Kästen für die Satzglieder.

| Ein _____ Wolf | sieht | _____ | einen _____ Esel. |

| Der _____ Esel | hat | _____ Angst |.

2. Mithilfe der Erweiterungsprobe kannst du die folgende Fabel genauer machen. Setze in die Lücken der Reihe nach passende neue Satzglieder ein oder erweitere einzelne Satzglieder durch zusätzliche Adjektive aus dem Speicher.

> schwacher, eines Morgens, riesigen, vor Angst zitternde, todkrankes, schreckliche, fressgierige, wirklich, sehr schnell, starken, diesen, alten

Der Esel und der Wolf

| Ein _____ alter Esel | begegnete | _____ |

| einem _____ hungrigen Wolf |. „Bitte verschone mich"!, | bat |

| der _____ Esel |.

„Ich bin | ein _____ Tier | und ich habe | _____ Schmerzen ."

| Das _____ Raubtier | antwortete: „Du tust mir | _____ |

sehr leid, deshalb will ich dich auch | _____ |

| von deinen _____ Schmerzen | erlösen." | Mit _____ Worten |

zerriss der Wolf | den _____ Esel | und fraß ihn auf.

3. Erweitere den folgenden Satz durch zusätzliche inhaltliche Einzelheiten. Kennzeichne danach die Satzglieder.

Der Esel erzählt dem Wolf seine Leidensgeschichte.

_____

_____

_____

© Schöningh 978-3-14-025132-7

Modul 10: Satzglieder und Satzproben

Satzglieder und Satzproben

1. Die folgenden vier Sätze stellen die Einleitung einer Gruselgeschichte dar. Die Wiederholungen der Satzglieder wirken unschön. Korrigiere die Wiederholungen im 2. und 4. Satz, indem du sie jeweils durch ein passendes Pronomen ersetzt. Streiche durch und schreibe darüber.

1. Meine Eltern waren an einem Samstag im letzten Monat nicht da.

2. Meine Eltern waren bei Bekannten eingeladen.

3. Ich war mit meinem Bruder Moritz allein zu Hause.

4. Mein Bruder Moritz ist erst vier Jahre alt.

> Ersatzprobe!

2. In den folgenden drei Sätzen wirkt die Wiederholung am Anfang unschön. Stelle im 2. und 3. Satz um, sodass das Satzglied ⬡Ich⬡ nicht am Anfang steht (Umstellprobe).

1. Ich durfte, weil ich ja schon die Große bin, noch eine halbe Stunde fernsehen.

2. Ich wurde schließlich langsam müde und legte mich schlafen. _____

_____

3. Ich fühlte neben mir noch nach meinem Teddy; doch dann schreckte ich plötzlich hoch.

_____

_____

> Umstellprobe!

3. Die folgenden Sätze stellen ebenfalls eine Einleitung für eine Gruselgeschichte dar. Mache die Erweiterungsprobe, indem du die markierten Satzglieder durch ein treffendes Adjektiv aus dem Wortspeicher erweiterst.

> Er-weiterungs-probe!

fahle, zerfallene, langen, großen, leise, eigenartige, unheimlichen

Einsam stand | das _____ Haus | am Rande des Moors.

Es war Vollmond.

Das _____ Licht | ließ | die _____ Schatten der _____ Pappel

wie einen _____ Riesen | aussehen. Das Moor gab

_____ Geräusche | von sich. Es gluckste und blubberte. Die Blätter

der Pappeln säuselten dazu | _____ | im Wind. Es war kurz vor Mitternacht ...

4. Im folgenden Mittelteil einer Gruselgeschichte werden zu oft die gleichen Satzglieder benutzt. Mache die Ersatzprobe und ersetze dabei durch ein Pronomen oder eine andere Formulierung. Streiche durch und schreibe darüber.

Jetzt kam das unheimliche Wesen durch die Tür. Das unheimliche Wesen schwebte förmlich durch die

Luft. Wie war das unheimliche Wesen nur so plötzlich in die Wohnung gekommen?

Emmi wollte schreien. Doch Emmis Stimme versagte. Emmi spürte einen Kloß im Hals.

Nur ein hilfloses, krächzendes „Hiiil..." brachte sie heraus. Ganz plötzlich war das seltsame Wesen

jetzt bei ihr. Sie konnte das seltsame Wesen genau erkennen.

Kurzer Wissenscheck

Satzglieder und Satzproben

1. Ich kenne mich mit Satzgliedern und Satzproben aus.

Kreuze die richtigen Aussagen an.

- [ ] 1. Die Bausteine des Satzes sind die einzelnen Wörter.
- [ ] 2. Die Bausteine des Satzes sind die Satzglieder.
- [ ] 3. Satzglieder können aus einem Wort oder auch aus zwei und mehr Wörtern bestehen.
- [ ] 4. Mit der Umstellprobe kann man die Satzglieder im Satz herausbekommen: Was bei der Umstellprobe zusammenbleibt, ist ein Satzglied.
- [ ] 5. Mithilfe der Ersatzprobe kann man Satzglieder ersetzen und so Wiederholungen vermeiden.
- [ ] 6. Die Satzproben lassen sich für das eigene Schreiben nicht gebrauchen.
- [ ] 7. Mithilfe der Satzproben kann man eigene Texte verbessern.

2. Ich beherrsche die Umstellprobe, um die Satzglieder zu ermitteln.

Stelle den folgenden Satz zweimal um und kennzeichne die Satzglieder durch einen Kasten.

Heute schreibt mein Freund Tom eine tolle Gruselgeschichte. _____

_____

3. Ich kann eine Ersatzprobe durchführen.

Ersetze im zweiten Satz das markierte Satzglied durch ein Pronomen.

Emmis Eltern sind heute nicht da. | Emmis Eltern | sind bei Bekannten eingeladen.

_____

4. Ich kann eine Erweiterungsprobe durchführen.

Ergänze oder erweitere in den folgenden Sätzen die markierten Satzglieder durch treffende Wörter aus dem Wortspeicher.

| sofort, plötzlich, besorgte, böser, voller Erleichterung, gefährliche, etwas |

Dann schrie Emmi _____ gellend auf. Das _____ Ungeheuer

kam immer näher und wollte ihr _____ tun. Ihre _____ Mutter hörte Emmis Schreie

und kam _____ an ihr Bett gelaufen; um zu fragen, was sie habe. Jetzt schlug Emmi die Augen

auf und merkte _____, dass alles nur ein _____ Traum war.

© Schöningh 978-3-14-025132-7

Lösungen

Satzglieder und Satzproben

Basismaterial (S. 69)

1. Seit zwei Wochen übt Felix an seinem Zaubertrick. Felix übt an seinem Zaubertrick seit zwei Wochen.
2. Johanna erzählt ihrer besten Freundin einen neuen Witz. Ihrer besten Freundin erzählt Johanna einen neuen Witz. Einen neuen Witz erzählt Johanna ihrer besten Freundin.
3. Beispiel: Die Schülerinnen und Schüler der Klasse 5a machen heute einen Besuch im Zoo.
4. Im Elefantenhaus sehen sie die große Elefantenkuh.
   Beispiel für Ersatzprobe: Dort sehen sie die große Elefantenkuh.
   Der Wärter bespritzt den Elefantenbullen mit einem Wasserschlauch.
   Beispiel für Ersatzprobe: Der Wärter bespritzt den Elefantenbullen mit Wasser.
   Ein Elefantenjunges nähert sich den Kindern voller Neugier.
   Beispiel für Ersatzprobe: Es nähert sich ihnen neugierig.

Differenzierungsmaterial 1 (S. 70)

1. Oft **hilft** mir meine große Schwester Greta bei den Hausaufgaben.
   Bei den Hausaufgaben **hilft** mir oft meine große Schwester Greta.
2. Gestern **war** ich mit meinem Freund Tim am Lippesee.
   Am Waldweg **sahen** wir eine dunkel gekleidete Gestalt.
3. Jetzt berührt **er** den vor Angst schlotternden Jungen. Wie gebannt bleibt **es** jedoch auf einem Fleck stehen.
4. Beispiele:
   - Plötzlich **murmelt** er unverständliche Worte.
   - **Es** kommt immer näher.
   - Jetzt steht **es** direkt vor ihm.
   - Auf einmal will **es seine** Hände anfassen.

Differenzierungsmaterial 2 (S. 71)

1. Beispiele: Ein **hungriger** Wolf sieht **plötzlich** einen **alten** Esel. Der **zitternde** Esel hat **schreckliche** Angst.
2. Ein **schwacher**, alter Esel begegnete **eines Morgens** einem **riesigen**, hungrigen Wolf. „Bitte verschone mich!", bat der **vor Angst zitternde** Esel. „Ich bin ein **todkrankes** Tier und ich habe **schreckliche** Schmerzen." Das **fressgierige** Raubtier antwortete: „Du tust mir **wirklich** sehr leid, deshalb will ich dich auch **sehr schnell** von deinen **starken** Schmerzen erlösen." Mit **diesen** Worten zerriss der Wolf den **alten** Esel und fraß ihn auf.
3. Beispiel: Der **auf Mitleid hoffende** Esel erzählt **unterwegs** dem **fressgierigen** Wolf seine **traurige** Leidensgeschichte.

Differenzierungsmaterial 3 (S. 72)

1. **Sie** waren bei Bekannten eingeladen. **Er** ist erst vier Jahre alt.
2. Schließlich wurde ich langsam müde und legte mich schlafen. Neben mir fühlte ich noch meinen Teddy; doch dann schreckte ich plötzlich hoch.
3. Einsam stand das **zerfallene** Haus am Rande des Moors. Es war Vollmond. Das **fahle** Licht ließ die **langen** Schatten der **großen** Pappel wie einen **unheimlichen** Riesen aussehen. Das Moor gab **eigenartige** Geräusche von sich. Es gluckste und blubberte. Die Blätter der Pappeln säuselten dazu **leise** im Wind. Es war kurz vor Mitternacht ...

4. Beispiel: Jetzt kam das unheimliche Wesen durch die Tür. **Es** schwebte förmlich durch die Luft. Wie war **das Monster** nur so plötzlich in die Wohnung gekommen?

Emmi wollte schreien. Doch **die Stimme des Mädchens** versagte. Emmi spürte einen Kloß im Hals. Nur ein hilfloses, krächzendes „Hiiil…" brachte sie heraus. Ganz plötzlich war das seltsame Wesen jetzt bei ihr. Sie konnte **es** genau erkennen.

Kurzer Wissenscheck (S. 73)

1. Richtig sind: 2., 3., 4., 5., 7.
2. Mein Freund Tom | schreibt | heute | eine tolle Gruselgeschichte .
   Eine tolle Gruselgeschichte | schreibt | heute | mein Freund Tom .
3. Sie sind bei Bekannten eingeladen.
4. Dann schrie Emmi plötzlich gellend auf. Das gefährliche Ungeheuer kam immer näher und wollte ihr etwas tun. Ihre besorgte Mutter hörte Emmis Schreie und kam sofort an ihr Bett gelaufen; um zu fragen, was sie habe. Jetzt schlug Emmi die Augen auf und merkte voller Erleichterung, dass alles nur ein böser Traum war.

© Schöningh 978-3-14-025132-7

Modul 11: Subjekt und Prädikat
(Satzgegenstand und Satzaussage)

Ich informiere.

Satzglieder spielen im Satz bestimmte Rollen; sie haben bestimmte Aufgaben.

- Das Satzglied **Subjekt** (Satzgegenstand) bezeichnet im Satz den Handelnden, das, worum es im Satz geht: **den Satzgegenstand**. Es gibt Antwort auf die Fragen: **Wer oder was tut etwas und wer oder was ist etwas?** Das Subjekt steht immer im **Nominativ** (1. Fall).
  Beispiel: **Der Clown** erfreut die Kinder. Frage: **Wer** erfreut die Kinder? Antwort: **Der Clown**.
  Das Satzglied Der Clown ist Subjekt des Satzes.

- Das Satzglied **Prädikat** (Satzaussage) ist *der* Teil des Satzes, der über das Subjekt etwas aussagt. Es gibt Antwort auf die Fragen: **Was tut** jemand oder was geschieht? Das **Prädikat wird immer mit einem Verb gebildet**.
  Beispiel: Der Löwe **brüllt**. Frage: **Was tut** der Löwe? Antwort: Der Löwe **brüllt**.
  Das Satzglied brüllt ist Prädikat des Satzes.

Subjekt und Prädikat sind die Grundbestandteile aller Sätze. Jeder grammatisch vollständige Satz hat mindestens Subjekt und Prädikat. Beispiele: Es regnet . Ich komme .

---

1. Stelle in den folgenden Sätzen durch die Wer-/Was-Frage das Subjekt fest und markiere es durch einen Kasten.

Mit dem Elefanten spricht der Dompteur. Einen tollen Salto zeigen die Artisten.

Lauter Tricks zeigt der Zauberer.

2. Mache jeweils die Umstellprobe und stelle in den Sätzen unter Übung 1 das Subjekt nach vorn.

_____

_____

3. Setze in die leeren Kästen für das Satzglied Prädikat ein passendes Verb aus dem Wortspeicher ein. Einmal besteht das Prädikat aus zwei Teilen.

zeigt, empfangen, bauen ... auf, spielt

Die Kinder _____ den Pausenclown mit stürmischem Beifall.

Er _____ den Zuschauern die tollsten Kunststücke.

Anschließend _____ er noch auf seiner Trompete.

Währenddessen _____ einige Zirkusleute ein Gerüst für die nächste Nummer _____ .

4. Setze passende Subjekte aus dem Wortspeicher in die leeren Kästen ein.

die vielen Zuschauer, zwei junge Seiltänzerinnen, der Zirkusdirektor

_____ tänzeln anmutig über das Seil unter der Zirkuskuppel.

Voller Spannung schauen _____ nach oben.

Jetzt sagt _____ die nächste Nummer im Programm an.

© Schöningh 978-3-14-025132-7

Modul 11: Subjekt und Prädikat (Satzgegenstand und Satzaussage)

Subjekt und Prädikat

1. Setze in den folgenden Sätzen für das Subjekt und das Prädikat in den leeren Kästen passende Formulierungen aus dem Speicher ein.

> **Subjekte:** der Zirkusdirektor, die Zirkuskapelle, ein Zauberer, drei Mädchen aus China, ein Dompteur

> **Prädikate:** arbeitet, führt, holt, empfängt, jonglieren

_____ _____   _____ aus seinem Zylinder weiße Tauben und Kaninchen.

_____ _____ _____ _____   _____ geschickt mit Tellern und Ringen.

Nach der Pause _____   _____ _____ in außergewöhnlicher Weise mit einer gemischten Raubtiergruppe.

Geschickt _____   _____ _____ durch das Programm.

Mit einem lauten Tusch _____   _____ _____ eine Elefantengruppe.

2. Kennzeichne das Satzglied ⃞Subjekt⃞ durch einen Kasten. Die Anzahl der Wörter im Subjekt steht in der Klammer. Das Satzglied ⃞Prädikat⃞ besteht aus zwei Teilen. Kennzeichne das Prädikat wie im Beispiel.

⃞Der Zirkusdirektor⃞ ⃞hat⃞ gerade die Zuschauer ⃞begrüßt⃞. (2)

Die Podeste für die Bärennummer stehen schon bereit. (5)

Gleich werden einige Artisten ihr Können am Trapez zeigen. (2)

In der Pause werden die Vorbereitungen für die Raubtiernummer getroffen. (5)

Eine Gruppe von Jongleuren führt schwierige Kunststücke vor. (4)

3. Kennzeichne im folgenden Witz das Satzglied ⃞Subjekt⃞ durch einen gelben Kasten. Es kann auch aus mehr als einem Wort bestehen. Schreibe S. (Subjekt) darüber. Nutze die Wer-/Was-Frage.

Ein kleiner Wanderzirkus ist in die Stadt gekommen. Auch ein Löwe gehört zu den Stars im Zirkus. Am

Abend findet die Galavorstellung statt. Bis auf den letzten Platz ist das Zirkuszelt gefüllt. Endlich wird

die tolle Löwennummer angekündigt. Der Dompteur erscheint. Sofort schreit er nach seiner Pistole.

Die Zuschauer reagieren aufgeregt. Einer der Zirkusleute rennt zum Direktor. „Der Dompteur hat seine

Pistole vergessen." Der Direktor wird bleich. „Um Himmelswillen, wie will er ohne Pistole den Löwen

aufwecken?"

4. Kennzeichne das Satzglied ⃞Prädikat⃞ mit einem roten Kasten; sechsmal besteht dieses aus zwei Teilen.

© Schöningh 978-3-14-025132-7

Modul 11: Subjekt und Prädikat (Satzgegenstand und Satzaussage)

■ Subjekt und Prädikat

1. Setze in den folgenden Sätzen für das Satzglied Subjekt und das Satzglied Prädikat passende Formulierungen aus dem Speicher ein. Die Verben musst du zum Teil noch verändern, damit sie in den Satz passen.

> **Subjekte:** die Kinder, die Dompteuse, ein Akrobat, der Clown, die Artisten am Trapez, die Zauberin

> **Prädikate:** freuen sich, gibt, stemmt, schenkt, müssen ... achten, zeigt

Nach der Pferdedressur _____ _____ _____ dem Schimmel ein Stück Zucker.

_____ _____ _____ _____ besonders über den Clown.

_____ _____ _____ _____ zwei Jungen und ein Mädchen.

_____ _____ _____ _____ _____

auf den richtigen Absprung _____ .

_____ _____ _____ dem Clown ihre neuesten Tricks.

Zum Schluss _____ _____ _____ der Seiltänzerin eine rote Rose.

2. Kennzeichne in jedem Satz die Prädikatsklammern in folgender Weise durch einen offenen Kasten: ⬚ ... ⬚ . In einem Satz stehen zwei Prädikatsklammern.

Gleich wird das Publikum über den gelungenen Salto der Trapezartistin klatschen.

Der Zirkusdirektor weist die Besucher der Vorstellung auf die Tierschau hin.

In der heutigen Vorstellung führt der dumme August seine Zaubertricks vor.

Jetzt fällt der dumme August der Länge nach hin, denn er hat nicht auf das

lange Seil geachtet.

3. Kennzeichne in den folgenden Zirkuswitzen das Satzglied Subjekt mit einem gelben Kasten, das Satzglied Prädikat mit einem roten Kasten. Beachte: Das Prädikat kann zwei Teile haben.

- Verzweifelt kniet der Dompteur vor dem alten Tiger. Er hält ihm ein erloschenes Feuerzeug hin.

  Dann schimpft er: „Oh, nein, kannst du dir das denn nicht merken? Du sollst nicht pusten. Du

  sollst springen!"

- Ein Mann stellt sich dem Zirkusdirektor vor. „Ich komme wegen der Stelle als Löwendompteur."

  „Ich habe die Stelle schon einem anderen gegeben. Vielleicht kommen Sie in ein paar Tagen mal

  wieder vorbei."

Kurzer Wissenscheck

Subjekt und Prädikat (Satzgegenstand und Satzaussage)

1. Ich kenne die Satzglieder Subjekt und Prädikat.

Kreuze die richtigen Aussagen an.

- [ ] 1. Das Satzglied Subjekt kennzeichnet im Satz den Handelnden oder das, worum es im Satz geht: den Satzgegenstand.
- [ ] 2. Das Prädikat antwortet auf die Frage **Wer/was** tut etwas?
- [ ] 3. Das Prädikat antwortet auf die Frage *Was **tut** das Subjekt*?
- [ ] 4. Subjekt und Prädikat kommen in jedem grammatisch vollständigen Satz vor.
- [ ] 5. Das Satzglied Subjekt besteht immer aus *einem* Wort.
- [ ] 6. Das Satzglied Subjekt kann nie ein Verb sein.
- [ ] 7. Das Satzglied Prädikat wird immer mit einem Verb gebildet.

2. Ich kann in Sätzen das Satzglied Subjekt bestimmen, indem ich die Wer-/Was-Frage stelle.

Ermittle das Satzglied Subjekt mithilfe der Frage und markiere es durch einen gelben Kasten.

Die Zauberin hält einen kleinen Kasten in der Hand. Frage: Wer/was _____

_____? Antwort: _____

Plötzlich steht der dumme August in der Manege. Frage: Wer/was _____

_____? Antwort: _____

3. Ich kann in Sätzen das Satzglied Prädikat bestimmen, indem ich die Frage *Was tut das Subjekt?* stelle.

Ermittle das Satzglied Prädikat und markiere es durch einen roten Kasten.

Die Zirkusprinzessin reitet auf einem Elefanten in die Manege. Frage: Was tut _____

_____? Antwort: _____

Sie winkt den klatschenden Zuschauern zu. Frage: _____

_____? Antwort: _____

4. Ich kann in einem kurzen Text die Satzglieder Subjekt und Prädikat bestimmen.

Kennzeichne das Satzglied Subjekt durch einen gelben Kasten und das Satzglied Prädikat durch einen roten Kasten. Beachte: *Ein* Prädikat besteht aus zwei Teilen.

Vor einigen Tagen besuchte ich mit meinen Geschwistern einen kleinen Familienzirkus. In der Vorstellung

traten alle Familienmitglieder auf. Sie boten ein abwechslungsreiches und spannendes Programm.

© Schöningh 978-3-14-025132-7

Lösungen

Subjekt und Prädikat (Satzgegenstand und Satzaussage)

Basismaterial (S. 76)

1. Mit dem Elefanten spricht der Dompteur. Einen tollen Salto zeigen die Artisten.
   Lauter Tricks zeigt der Zauberer.
2. **Der Dompteur** spricht mit dem Elefanten. **Die Artisten** zeigen einen tollen Salto.
   Der Zauberer zeigt lauter Tricks.
3. Die Kinder empfangen den Pausenclown mit stürmischem Beifall.
   Er zeigt den Zuschauern die tollsten Kunststücke. Anschließend spielt er noch auf seiner Trompete.
   Währenddessen bauen einige Zirkusleute ein Gerüst für die nächste Nummer auf.
4. Zwei junge Seiltänzerinnen tänzeln anmutig über das Seil unter der Zirkuskuppel.
   Voller Spannung schauen die vielen Zuschauer nach oben. Jetzt sagt der Zirkusdirektor die nächste
   Nummer im Programm an.

Differenzierungsmaterial 1 (S. 77)

1. Ein Zauberer holt aus seinem Zylinder weiße Tauben und Kaninchen.
   Drei Mädchen aus China jonglieren geschickt mit Tellern und Ringen.
   Nach der Pause arbeitet ein Dompteur in außergewöhnlicher Weise mit einer gemischten Raubtiergruppe.
   Geschickt führt der Zirkusdirektor durch das Programm.
   Mit einem lauten Tusch empfängt die Zirkuskapelle eine Elefantengruppe.
2. Die Podeste für die Bärennummer stehen schon bereit. (5)
   Gleich werden einige Artisten ihr Können am Trapez zeigen. (2)
   In der Pause werden die Vorbereitungen für die Raubtiernummer getroffen. (5)
   Eine Gruppe von Jongleuren führt schwierige Kunststücke vor. (4)

3./4. S.   S.
   Ein kleiner Wanderzirkus ist in die Stadt gekommen. Auch ein Löwe gehört zu den Stars im

   S.   S.
   Zirkus. Am Abend findet die Galavorstellung statt. Bis auf den letzten Platz ist das Zirkuszelt

   S.   S.
   gefüllt. Endlich wird die tolle Löwennummer angekündigt. Der Dompteur erscheint. Sofort

   S.   S.   S.
   schreit er nach seiner Pistole. Die Zuschauer reagieren aufgeregt. Einer der Zirkusleute rennt zum

   S.   S.
   Direktor. „Der Dompteur hat seine Pistole vergessen." Der Direktor wird bleich. „Um

   S.
   Himmelswillen, wie will er ohne Pistole den Löwen aufwecken?"

Differenzierungsmaterial 2 (S. 78)

1. Nach der Pferdedressur |gibt| |die Dompteuse| dem Schimmel ein Stück Zucker.
|Die Kinder| |freuen sich| besonders über den Clown.
|Ein Akrobat| |stemmt| zwei Jungen und ein Mädchen.
|Die Artisten am Trapez| |müssen| auf den richtigen Absprung |achten|.
|Die Zauberin| |zeigt| dem Clown ihre neuesten Tricks.
Zum Schluss |schenkt| |der Clown| der Seiltänzerin eine rote Rose.

2. Gleich |wird| das Publikum über den gelungenen Salto der Trapezartistin |klatschen|.
Der Zirkusdirektor |weist| die Besucher der Vorstellung auf die Tierschau |hin|.
In der heutigen Vorstellung |führt| der dumme August seine Zaubertricks |vor|.
Jetzt |fällt| der dumme August der Länge nach |hin|, denn er |hat| nicht auf das lange Seil |geachtet|.

3. •   P.   S.   S. P.
    Verzweifelt |kniet| |der Dompteur| vor dem alten Tiger. |Er| |hält| ihm ein erloschenes Feuerzeug

   P.   P.   S.   P.   S.   P.   S. P. S.   P.
|hin|. Dann |schimpft| |er|: „Oh, nein, |kannst| |du| dir das denn nicht |merken|? |Du| |sollst| nich |pusten|.

   S.   P.
|Du| |sollst springen|!"

      S.   P.   P.   S.   P.
• |Ein Mann| |stellt| sich dem Zirkusdirektor |vor|. „|Ich| |komme| wegen der Stelle als Löwendompteur."

   S.   P.   P.   P.   S.
„|Ich| |habe| die Stelle schon einem anderen |gegeben|. Vielleicht |kommen| |Sie| in ein paar Tagen

         P.
mal wieder |vorbei|.

Kurzer Wissenscheck (S. 79)

1. Richtig sind: 1., 3., 4., 6., 7.

2. |Die Zauberin| hält einen kleinen Kasten in der Hand. Frage: Wer/was hält einen kleinen Kasten in der Hand? Antwort: |Die Zauberin|.
Plötzlich steht |der dumme August| in der Manege. Frage: Wer/was steht plötzlich in der Manege? Antwort: |der dumme August|.

3. Die Zirkusprinzessin |reitet| auf einem Elefanten in die Manege. Frage: Was tut die Zirkusprinzessin? Antwort: Sie |reitet|.
Sie |winkt| den klatschenden Zuschauern |zu|. Frage: Was tut sie? Antwort: Sie |winkt ... zu|.

                       P.   S.
4. Vor einigen Tagen |besuchte| |ich| mit meinen Geschwistern einen kleinen Familienzirkus.

                     P.   S.   P.
In der Vorstellung |traten| |alle Familienmitglieder| |auf|.

  S.   P.
|Sie| |boten| ein abwechslungsreiches und spannendes Programm.

© Schöningh 978-3-14-025132-7

Modul 12: Objekte (Satzergänzungen)

Viele Prädikate (Satzaussagen) erfordern im Satz außer dem Subjekt ein weiteres Satzglied. Die Rolle, die diese Satzglieder im Satz spielen, heißen Objekte (Satzergänzungen):

Sie glaubt wem ? → Sie glaubt dem Jungen .

Er leiht wem? wen?/was? → Er leiht dem Mädchen das Buch .

Das Objekt kann in unterschiedlichen Fällen stehen. Es kann wie das Subjekt aus einem Wort oder aus mehreren Wörtern bestehen.

- Objekt im 2. Fall (Genitivobjekt): wessen? – Tom erinnert sich des Jungen . (Das Genitivobjekt wird heute selten gebraucht.)
- Objekt im 3. Fall (Dativobjekt): wem? – Finn hilft der Freundin . Finn hilft ihr .
- Objekt im 4. Fall (Akkusativobjekt): wen?/was? – Sie sucht das Buch . Sie sucht es .

1. Kennzeichne in den folgenden Sätzen die Dativobjekte durch einen grünen Kasten. Schreibe die Abkürzung (DO) darüber. Stelle die passende Frage für den Dativ (wem?). Beachte: Objekte können aus einem Wort oder aus mehreren Wörtern bestehen.

   Tim begegnet auf dem Zoogelände seiner Banknachbarin.

   Sie zeigt dem Jungen den Zooplan.

   Er dankt ihr für die Erklärungen.

   Alles entspricht ihren Hinweisen.

2. Kennzeichne in den folgenden Sätzen die Akkusativobjekte durch einen grünen Kasten. Schreibe die Abkürzung (AO) darüber. Stelle die passende Frage (*wen?* oder *was?*).

   Ein Tierpfleger muss Tiergehege einrichten und säubern.

   Er beschafft das Tierfutter.

   Dann bereitet er es zu.

   Außerdem muss er Tiere transportieren.

   Manchmal zieht der Tierpfleger ein verwaistes Tierbaby groß.

3. Bilde mithilfe der Satzglieder im Speicher sinnvolle Sätze. Setze dazu die Satzglieder in die leeren Kästen und bestimme ihre Aufgabe: Dativobjekt (DO) oder Akkusativobjekt (AO).

seiner Freundin • ihr • eine Eintrittskarte • Futter für den Streichelzoo • den Zooplan

   AO
   Lisa besucht heute den Allwetterzoo .

   Niko schenkt _____ _____ _____ _____ .

   Er erklärt _____ _____ _____ .

   An einem Stand kauft Mirko _____ _____ _____ _____ .

© Schöningh 978-3-14-025132-7

Modul 12: Objekte (Satzergänzungen)

Objekte

1. Viele Verben erfordern im Satz bestimmte Objekte. Ordne richtig zu; es gibt inhaltlich mehrere Möglichkeiten. Bilde noch vier mögliche Sätze. Kennzeichne jeweils die Objekte durch einen grünen Kasten
und bezeichne die Akkusativobjekte (wen?/was?) mit AO und das Dativobjekt (wem?) mit DO. Schreibe darüber.

> wir besuchen   sie strickt   sie begegnen   sie widerspricht   er verzeiht

> unsere Tante Maria   einen langen Schal   dem neuen Lehrer   ihm   ihr

AO
Wir besuchen unsere Tante Maria.

_____

_____

2. In den folgenden Sätzen erfordert das Verb ein bestimmtes Objekt. Setze mithilfe des Satzgliedspei-
chers der Reihe nach ein passendes Objekt ein. Achte darauf, dass du den richtigen Kasus (Fall)
bildest: Akkusativ oder Dativ? Schreibe darüber: Dativobjekt (DO) oder Akkusativobjekt (AO).

> seine Mutter, ihr Großvater, seine Schwester, der kleine Bruder, ein großer Teddybär, fünf Euro

Lisa besucht _____ _____ in Hamburg.

Mirko hilft _____ _____ beim Rasenmähen.

Tom schuldet _____ _____   _____ _____ .

Die Geschwister überreichen _____ _____ _____ zum

Geburtstag _____ _____ _____ .

> Einige Verben erfordern im Satz zwingend eine Präposition: denken **an** ..., warten **auf** ..., bitten **um** ...:
> Beispiel: Er denkt schon oft an die Ferien. Frage: An was denkt er schon oft? Antwort: an die Ferien.
> Dieses Objekt heißt daher **Objekt mit Präposition** oder **präpositionales Objekt** (PO).
> Man erfragt dieses Objekt mit Fragen wie: an wen?/an was?, auf wen?/auf was? oder für wen?/für was?

3. Kennzeichne in den folgenden Sätzen das präpositionale Objekt durch einen grünen Kasten. Schreibe
die Frage (an wen? auf was? auf wen?) und PO darüber.

an was? – PO
Oft denke ich an die letzten Ferien.

Sie kümmert sich um ihre kleine Schwester.

Sie wartet auf ihre Großmutter.

Er verzichtet heute auf sein Training.

Er muss auf den Verkehr achten.

Sie erinnern sich an die schöne Zeit.

© Schöningh 978-3-14-025132-7

◼ Objekte

1. Suche passende Satzglieder aus dem Speicher. Achte auf die Angabe der Wortarten. Schreibe die Art der Objekte in die Klammer darüber; benutze dazu die Abkürzungen: Akkusativobjekt (AO), Dativobjekt (DO).

Artikel + Adjektiv + Nomen (   )

Timo bewundert _____.

Possessivpronomen + Adjektiv + Nomen (   )   Artikel + Nomen (   )

Ich erkläre heute _____   _____.

Possessivpronomen + Nomen (   )   Artikel + Nomen (   )

Die Klasse 6d schuldet _____   _____.

Possessivpronomen + Artikel + Präposition + Eigenname (   )

In den nächsten Ferien wollen wir _____ besuchen.

> das Kartenspiel, meinem guten Freund, meine Oma in Bielefeld, das neue Fahrrad, einen Gegenbesuch, ihrer Partnerklasse

2. Bestimmte Verben fordern eine Präposition und im Satz ein Objekt (Ergänzung) mit Präposition/ein präpositionales Objekt.
Ordne Verben und passende Präpositionen jeweils zu.

> sich interessieren, sich wundern, bitten, reagieren, sich freuen, achten, sich kümmern, sprechen

> über, über, über, für, um, auf, auf, mit

3. In den folgenden Tierwitzen stehen unterschiedliche Objekte. Kennzeichne sie durch einen grünen Kasten. Schreibe jeweils die Abkürzung darüber: Akkusativobjekt (AO), Dativobjekt (DO), Präpositionales Objekt (PO). Die Lösungen in der Reihenfolge der Objekte unter den Texten helfen dir.

a) Ein Kamel betritt eine Bar und bestellt ein Glas Limonade. Ein Gast wundert sich über das Verhalten.

„Ja, das ist ungewöhnlich. Sonst bestellt es immer einen Becher Kakao."
(Lösungen: AO: Artikel + Nomen; AO: Artikel + Nomen + Nomen; PO: Präposition + Artikel + Nomen;
AO: Artikel + Nomen + Nomen)

b) Eine Eintagsfliege fragt ihren Gefährten: „Willst du mich heiraten? Willst du den Rest des Tages mit

mir verbringen?"
(Lösungen: AO: Possessivpronomen + Nomen; AO: Personalpronomen; AO: Artikel + Nomen + Artikel + Nomen;
PO: Präposition + Personalpronomen)

c) Eine Schnecke stellt ihrer Freundin eine Frage: „Warum isst du denn einen verfaulten Apfel?"

Antwort: „Als ich angefangen habe, war er noch gut."
(Lösungen: DO: Possessivpronomen + Nomen; AO: Artikel + Nomen; AO: Artikel + Adjektiv + Nomen)

Kurzer Wissenscheck

Objekte (Satzergänzungen)

1. Ich kenne die unterschiedlichen Objekte (Satzergänzungen).

Kreuze die richtigen Aussagen an.

- [ ] 1. Das Genitivobjekt wird heute nur noch selten gebraucht.
- [ ] 2. Das Genitivobjekt wird sehr oft gebraucht.
- [ ] 3. Das Dativobjekt erfragt man mit der Frage *wem*?
- [ ] 4. Das Akkusativobjekt erfragt man mit den Fragen *wen*? oder *was*?
- [ ] 5. Das Satzglied Objekt besteht immer nur aus einem Wort.
- [ ] 6. Das Satzglied Objekt kann aus mehreren Wörtern bestehen.
- [ ] 7. Ein Objekt besteht oft aus einem Verb.
- [ ] 8. In einem präpositionalen Objekt ist immer eine Präposition enthalten.
- [ ] 9. Form und Anzahl der Objekte sind vom Verb abhängig.

2. Ich kann Dativobjekt und Akkusativobjekt unterscheiden.

Kennzeichne die Objekte durch einen grünen Kasten. Wende die Fragen an: Datoivobjekt: wem?, Akkusativobjekt: wen?/was?. Schreibe darüber: DO oder AO.

Emmi hilft ihrem kleinen Bruder. Felix bewundert seine große Schwester sehr.

Lisa trifft ihre Freundin. Jakob überlässt seiner kleinen Schwester sein Spielzeug.

3. Ich kann Sätze mit einem präpositionalen Objekt bilden.

Bilde zwei Sätze mit einem präpositionalen Objekt, wähle dir dazu passende Verben aus. Kennzeichne in deinen Beispielsätzen das präpositionale Objekt durch einen grünen Kasten.

sich interessieren für _____, sich freuen auf _____, verzichten auf _____, berichten über _____

_____

_____

4. Ich kann in einem Text Objekte erkennen.

In dem folgenden Text gibt es ein Dativobjekt und fünf Akkusativobjekte. Kennzeichne die Objekte durch einen grünen Kasten. Schreibe ihre Rolle im Satz darüber: Dativobjekt (DO) oder Akkusativobjekt (AO).

Ein Kamel hat eine tolle Idee. Es macht der Kuh einen Vorschlag.

„Wollen wir nicht eine Milchbar aufmachen? Du gibst die Milch und ich stelle die Hocker."

© Schöningh 978-3-14-025132-7

Lösungen

Objekte (Satzergänzungen)

Basismaterial (S. 82)

1. Tim begegnet auf dem Zoogelände [seiner Banknachbarin] **DO**.

   Sie zeigt [dem Jungen] **DO** den Zooplan.

   Er dankt [ihr] **DO** für die Erklärungen.

   Alles entspricht [ihren Hinweisen] **DO**.

2. Ein Tierpfleger muss [Tiergehege] **AO** einrichten und säubern.

   Er beschafft [das Tierfutter] **AO**.

   Dann bereitet er [es] **AO** zu.

   Außerdem muss er manchmal [Tiere] **AO** transportieren.

   Manchmal zieht der Tierpfleger [ein verwaistes Tierbaby] **AO** groß.

3. Niko schenkt [seiner Freundin] **DO** [eine Eintrittskarte] **AO**.

   Er erklärt [ihr] **DO** [den Zooplan] **AO**.

   An einem Stand kauft Mirko [Futter für den Streichelzoo] **AO**.

Differenzierungsmaterial 1 (S. 83)

1. Beispiele: Sie strickt [einen langen Schal] **AO**. Sie begegnen [dem neuen Lehrer] **DO**. Sie widerspricht [ihm] **DO**.

   Er verzeiht [ihr] **DO**.

2. Lisa besucht [ihren Großvater] **AO** in Hamburg. Mirko hilft [seiner Mutter] **DO** beim Rasenmähen.

   Tom schuldet [seiner Schwester] **DO** [fünf Euro] **AO**.

   Die Geschwister überreichen [dem kleinen Bruder] **DO** zum Geburtstag [einen großen Teddybär] **AO**.

3. Sie wartet [auf ihre Großmutter] auf wen? – **PO**. Er muss [auf den Verkehr] auf was? – **PO** achten.

   Sie kümmert sich [um ihre kleine Schwester] um wen? – **PO**. Er verzichtet heute [auf sein Training] auf was? – **PO**.

   Sie erinnern sich [an die schöne Zeit] an was? – **PO**.

Differenzierungsmaterial 2 (S. 84)

1.   (AO)
Timo bewundert das neue Fahrrad.

           (DO)   (AO)
Ich erkläre heute meinem guten Freund das Kartenspiel.

           (DO)   (AO)
Die Klasse 6d schuldet ihrer Partnerklasse einen Gegenbesuch.

           (AO)
In den nächsten Ferien wollen wir meine Oma in Bielefeld besuchen.

2. sich interessieren **für**, sich wundern **über**, bitten **um**, reagieren **auf**, sich freuen **über**, achten **auf**, sich kümmern **um**, sprechen **mit**

3. a)   AO   AO
Ein Kamel betritt eine Bar und bestellt ein Glas Limonade. Ein Gast wundert sich
      PO   AO
über das Verhalten. „Ja, das ist ungewöhnlich. Sonst bestellt es immer einen Becher Kakao."

b)   AO   AO
Eine Eintagsfliege fragt ihren Gefährten: „Willst du mich heiraten? Willst du
     AO   PO
den Rest des Tages mit mir verbringen?"

c)   DO   AO   AO
Eine Schnecke stellt ihrer Freundin eine Frage: „Warum isst du denn einen verfaulten Apfel?"
Antwort: „Als ich angefangen habe, war er noch gut."

Kurzer Wissenscheck (S. 85)

1. Richtig sind: 1., 3., 4., 6., 8., 9.

2.   DO   AO
Emmi hilft ihrem kleinen Bruder. Felix bewundert seine große Schwester sehr.
       AO   DO   AO
Lisa trifft ihre Freundin. Jakob überlässt seiner kleinen Schwester sein Spielzeug.

3.   PO   PO
Beispiele: Tim freut sich auf die Ferien. Jonas berichtet über seine Klassenfahrt.

4.   AO   DO   AO
Ein Kamel hat eine tolle Idee. Es macht der Kuh einen Vorschlag.
        AO   AO   AO
„Wollen wir nicht eine Milchbar aufmachen? Du gibst die Milch und ich stelle die Hocker."

Modul 13: Adverbiale Bestimmungen (Umstandsbestimmungen)

Das Satzglied **adverbiale Bestimmung** drückt im Satz nähere Umstände des Geschehens aus; es macht nähere Angaben im Satz. Dies verdeutlicht auch die deutsche Bezeichnung.

Adverbiale Bestimmungen **sagen etwas aus über**:
- **Zeit und Zeitdauer** (temporal): wann? wie lange? wie oft? – heute, abends, häufig, mehrere Stunden
- **Ort und Richtung** (lokal): wo? woher? wohin? – zu Hause, dort, aus der Bücherei, dorthin
- **Art und Weise** (modal): wie? – eifrig, schnell, mit Sorgfalt
- **Grund** (kausal): warum? weshalb? – wegen des schlechten Wetters, deshalb, daher
- **Mittel** (instrumental): womit? – mit dem Hammer, damit

Die adverbiale Bestimmung kann eine **unterschiedliche Form** haben:
- mit Präposition: **mit** Interesse, **auf** dem Baum, **aus** der Bücherei
- Adverb oder Adjektiv: heute, damals, fröhlich, laut

1. Ordne die folgenden adverbialen Bestimmungen der entsprechenden Bedeutung in der Liste zu.

übermorgen, deshalb, in Hamburg, um fünf Uhr, bald, mit einer Zange, oben, aus der Schule, wegen Überfüllung, schnell

Zeit	Ort und Richtung	Art und Weise	Grund	Mittel
_____	_____	_____	_____	_____
_____	_____	_____	_____	_____
_____	_____	_____	_____	_____

2. Kennzeichne in den folgenden Sätzen das Satzglied *adverbiale Bestimmung* durch einen blauen Kasten. Bestimme die Bedeutung und schreibe sie als Abkürzung darüber: Ort und Richtung (O), Zeit (Z), Art und Weise (A), Grund (G), Mittel (M). Setze in die Klammer die passende Frage aus dem Kasten. Achtung: In einem Satz stehen zwei adverbiale Bestimmungen.

Finn kommt aus der Schule. (_____)

Wegen des schlechten Wetters fällt die Sport-AG aus. (_____)

Der Bus fährt um 8.30 Uhr los. (_____)

Annika ist am Wochenende verreist. (_____)

Er unterstreicht die Überschriften mit einem Lineal. (_____)

Tom kommt von Zuhause. (_____)

Die Lehrerin blickt ihn freundlich an. (_____)

Tim arbeitet eifrig mit. (_____)

Emmi kann wegen einer starken Erkältung nicht kommen. (_____)

Sie bleibt deshalb zu Hause. (_____)

© Schöningh 978-3-14-025132-7

Adverbiale Bestimmungen

1. In dem folgenden Text sind die adverbialen Bestimmungen markiert. Bestimme die Bedeutung; benutze die Fragen. Schreibe die Abkürzung jeweils darüber: Zeit (Z), Ort (O), Grund (G), Art und Weise (A).

Die Mutter von drei jungen Graugänsen starb vor einigen Wochen überraschend aufgrund eines Unfalles. Der Tierfreund Thomas M. zieht die Vogelwaisen auf seinem Grundstück im Havelland liebevoll groß. Im Oktober werden die Graugänse nach Süden fliegen. Deshalb müssen sie jetzt das Fliegen erlernen und eifrig trainieren. Sonst haben sie im Herbst keinerlei Chancen auf dem beschwerlichen Weg ins Winterquartier.

2. Der folgende Zeitungsbericht enthält mehrere adverbiale Bestimmungen. Die Anzahl ist hinter jedem Satz in Klammern angegeben. Kennzeichne sie durch einen blauen Kasten. Schreibe die Bedeutung jeweils darüber: Zeit (Z), Ort (O), Art und Weise (A).

Krokodil in Dorfteich

Eine täuschend echt aussehende Attrappe eines Krokodilkopfes hat gestern in Münchberg einen Polizeieinsatz zur Folge gehabt. (2) Eine Bürgerin rief aufgeregt in der Polizeistation an. (2) Sie informierte die Ordnungshüter, dass sich im Dorfteich ein Krokodil aufhalte. (1) Als die Beamten das vermeintliche Krokodil im Teich entdeckten und schließlich herausfischten, stellten sie erleichtert fest, dass es sich nur um ein Plastiktier handelte. (3)

3. Die folgenden Witze enthalten adverbiale Bestimmungen. Kennzeichne die Bedeutung mit Zeit (Z), Ort (O), Grund (G), Art und Weise (A), Mittel (M). Die folgende Übersicht hilft dir.

	Zeit	Ort	Grund	Art und Weise	Mittel
Witz a	1	1		1	1
Witz b	1	1		1	
Witz c	1	3		1	

a) Haarscharf zischt eine Fliege am Spinnennetz vorbei. „Warte nur, morgen erwische ich dich", droht die Spinne mit einem bösen Blick." „Denkste!", grinst die Eintagsfliege.

b) Ein kleiner Igel verirrt sich im Gewächshaus. Immer, wenn er an einen Kaktus stößt, fragt er laut: „Mami, Mami, bist du das?"

c) Ein Känguru muss sich ständig am Bauch kratzen. Entnervt schaut es in seinen Beutel und zieht sein Kind heraus. „Wie oft habe ich dir schon gesagt, dass du im Bett keinen Zwieback essen sollst ...!"

Modul 13: Adverbiale Bestimmungen (Umstandsbestimmungen)

Modul 13: Adverbiale Bestimmungen (Umstandsbestimmungen)

Adverbiale Bestimmungen

1. Ordne die folgenden adverbialen Bestimmungen nach ihrer Bedeutung. Wende die entsprechenden Fragen an: Zeit: wann? wie lange? wie oft?; Ort: wo?, woher? wohin?; Grund: warum?; Art und Weise: wie?; Mittel: womit?

mit einer Brechstange, in Köln, unfreundlich, abends, häufig, sehr oft, aus Bayern, aufgrund des Wetters, gern, darum, jetzt, daheim

Zeit	Ort/Richtung	Grund	Art und Weise	Mittel
_____	_____	_____	_____	_____
_____	_____	_____	_____	_____

2. Der folgende Text enthält sieben adverbiale Bestimmungen. Kennzeichne sie durch einen blauen Kasten und bestimme ihre Bedeutung: Ort(O) und Zeit (Z). Schreibe die Abkürzung darüber.

Buckelwal gesichtet

Niederländische Fischer haben gestern bei Ameland einen äußerst seltenen Buckelwal gesichtet. Sie

konnten den auftauchenden und schwimmenden Wal von ihrem Boot aus filmen. Buckelwale werden

häufig bis zu 15 Meter lang und können bis zu 30 Tonnen wiegen. Bereits vor Wochen war dort ein

Buckelwal gesichtet worden. Es ist bis heute noch nicht klar, ob es sich um dasselbe Tier handelt.

3. In der folgenden Meldung fehlen adverbiale Bestimmungen, die den Text genauer machen. Schreibe den Text neu auf und baue dazu der Reihe nach die nachfolgend angegebenen adverbialen Bestimmungen ein. Kennzeichne sie durch einen Kasten. Schreibe ihre Bedeutung darüber: Ort (O), Zeit (Z), Grund (G), Art und Weise (A), Mittel (M).

Satz a: im hiesigen Zoo   gestern   Satz c: wegen ihrer Empfindlichkeit
Satz b: nachts   mit einer Brechstange   Satz d: bislang   vergebens

a) Zwei wertvolle Totenkopfäffchen wurden aus dem Affenhaus gestohlen.

_____

_____

b) Man vermutet, dass die Diebe die Stahltür des Affenhauses geöffnet haben.

_____

_____

c) Der Direktor des Zoos ist um die Gesundheit der tropischen Tiere besorgt.

_____

_____

d) Die Polizei fahndet nach den Dieben.

_____

© Schöningh 978-3-14-025132-7

Kurzer Wissenscheck

Adverbiale Bestimmungen (Umstandsbestimmungen)

1. Ich kenne das Satzglied *adverbiale Bestimmung*.

Kreuze die zutreffenden Aussagen an.

- [ ] 1. Das Satzglied *adverbiale Bestimmung* macht im Satz nähere Angaben zum Ort, zur Zeit, zum Grund, zur Art und Weise und zum Mittel.
- [ ] 2. Die adverbiale Bestimmung besteht immer nur aus einem Wort.
- [ ] 3. Die adverbiale Bestimmung kann aus einem Wort bestehen, es können auch zwei oder mehrere Wörter sein.
- [ ] 4. Adverbiale Bestimmungen gibt es in fast jedem Text. Sie machen den Text inhaltlich genauer.
- [ ] 5. Jede adverbiale Bestimmung im Satz kann man mithilfe der Frage *wo?* erfragen.

2. Ich kann adverbiale Bestimmungen nach ihrer Bedeutungsleistung unterscheiden.

Ordne die folgenden adverbialen Bestimmungen entsprechend ein.

mit einer Harke, zunächst, folglich, mühsam, hier, deshalb, einmal, ziemlich, barfuß, dorthin, jetzt, gern, damit, zu der Frau, mit dem Trick

Ort	Zeit	Grund	Art und Weise	Mittel

3. Ich kann in Texten adverbiale Bestimmungen erkennen, kennzeichnen und nach ihrer Bedeutung bestimmen.

Kennzeichne die adverbialen Bestimmungen durch einen blauen Kasten. Schreibe die Bedeutung jeweils in abgekürzter Form darüber: Ort (O), Zeit (Z), Art und Weise (A), Mittel (M). Die Anzahl aller adverbialen Bestimmungen steht in Klammern unter dem Text.

a) Zwei Ameisen schleppen in der Wüste ein Fenster. Die eine stöhnt schließlich völlig erschöpft: „Ich kann nicht mehr." Darauf die andere: „Dann mach doch jetzt das Fenster auf." (5)

b) Zwei Fliegen krabbeln auf einem Globus herum: Als sie sich zum dritten Mal treffen, lacht die eine: „Wie klein doch die Welt ist!" (2)

c) Großes Geschrei im Dschungel. Ein junger Tiger jagt voller Spaß einen Touristen vor sich her. Wütend stoppt ihn die Tigermutter: „Ich habe dir schon oft gesagt, man spielt nicht mit seinem Essen herum." (5)

© Schöningh 978-3-14-025132-7

Lösungen

Adverbiale Bestimmungen (Umstandsbestimmungen)

Basismaterial (S. 88)

1. **Zeit:** übermorgen, um fünf Uhr, bald; **Ort und Richtung:** in Hamburg, oben, aus der Schule; **Art und Weise:** schnell; **Grund:** deshalb, wegen Überfüllung; **Mittel:** mit einer Zange

2. Finn kommt [aus der Schule]. (woher?) — O

   [Wegen des schlechten Wetters] fällt die Sport-AG aus. (warum?) — G

   Der Bus fährt [um 8.30 Uhr] los. (wann?) — Z

   Annika ist [am Wochenende] verreist. (wann?) — Z

   Er unterstreicht die Überschriften [mit einem Lineal]. (womit?) — M

   Tom kommt [von Zuhause]. (woher?) — O

   Die Lehrerin blickt ihn [freundlich] an. (wie?) — A

   Tim arbeitet [eifrig] mit. (wie?) — A

   Emmi kann [wegen einer starken Erkältung] nicht kommen. (warum?) — G

   Sie bleibt [deshalb] [zu Hause]. (weshalb?/wo?) — G O

Differenzierungsmaterial 1 (S. 89)

1. Die Mutter von drei jungen Graugänsen starb [vor einigen Wochen] (Z) [überraschend] (A) [aufgrund eines Unfalles] (G). Der Tierfreund Thomas M. zieht die Vogelwaisen [auf seinem Grundstück im Havelland] (O) [liebevoll] (A) groß. [Im Oktober] (Z) werden die Graugänse [nach Süden] (O) fliegen. [Deshalb] (G) müssen sie [jetzt] (Z) das Fliegen erlernen und [eifrig] (A) trainieren. Sonst haben sie [im Herbst] (Z) keinerlei Chancen [auf dem beschwerlichen Weg ins Winterquartier] (O).

2. Eine täuschend echt aussehende Attrappe eines Krokodilkopfes hat [gestern] (Z) [in Münchberg] (O) einen Polizeieinsatz zur Folge gehabt. (2) Eine Bürgerin rief [aufgeregt] (A) [in der Polizeistation] (O) an. (2) Sie informierte die Ordnungshüter, dass sich [im Dorfteich] (O) ein Krokodil aufhalte. (1) Als die Beamten das vermeintliche Krokodil [im Teich] (O) entdeckten und [schließlich] (Z) herausfischten, stellten sie [erleichtert] (A) fest, dass es sich nur um ein Plastiktier handelte. (3)

3. a) [A] Haarscharf zischt eine Fliege [O] am Spinnennetz vorbei. „Warte nur, [Z] morgen erwische ich dich",

droht die Spinne [M] mit einem bösen Blick." „Denkste!", grinst die Eintagsfliege.

b) Ein kleiner Igel verirrt sich [O] im Gewächshaus. [Z] Immer, wenn er an einen Kaktus stößt, fragt er

[A] laut: „Mami, Mami, bist du das?"

c) Ein Känguru muss sich [Z] ständig [O] am Bauch kratzen. [A] Entnervt schaut es [O] in seinen Beutel und zieht

sein Kind heraus. „Wie oft habe ich dir schon gesagt, dass du [O] im Bett keinen Zwieback essen sollst ...!"

Differenzierungsmaterial 2 (S. 90)

1. **Zeit:** abends, häufig, sehr oft, jetzt; **Ort/Richtung:** in Köln, aus Bayern, daheim; **Grund:** aufgrund des Wetters, darum; **Art und Weise:** unfreundlich, gern; **Mittel:** mit einer Brechstange

2. Niederländische Fischer haben gestern (Z) bei Ameland (O) einen äußerst seltenen Buckelwal gesichtet. Sie konnten den auftauchenden und schwimmenden Wal von ihrem Boot aus (O) filmen. Buckelwale werden häufig (Z) bis zu 15 Meter lang und können bis zu 30 Tonnen wiegen. Bereits vor Wochen (Z) war dort (O) ein Buckelwal gesichtet worden. Es ist bis heute (Z) noch nicht klar, ob es sich um dasselbe Tier handelt.

3. [O] Im hiesigen Zoo wurden [Z] gestern zwei wertvolle Totenkopfäffchen aus dem Affenhaus gestohlen.

Man vermutet, dass die Diebe [Z] nachts die Stahltür des Affenhauses [M] mit einer Brechstange geöffnet

haben. Der Direktor des Zoos ist [G] wegen ihrer Empfindlichkeit um die Gesundheit der tropischen

Tiere besorgt. Die Polizei fahndet [Z] bislang [A] vergebens nach den Dieben.

Kurzer Wissenscheck (S. 91)

1. Richtig sind: 1., 3., 4.

2. **Ort:** hier, dorthin, zu der Frau; **Zeit:** zunächst, einmal, jetzt; **Grund:** folglich, deshalb; **Art und Weise:** mühsam, ziemlich, barfuß, gern; **Mittel:** mit einer Harke, damit, mit dem Trick

3. a) Zwei Ameisen schleppen [O] in der Wüste ein Fenster. Die eine stöhnt [Z] schließlich [A] völlig erschöpft:

„Ich kann nicht mehr." [Z] Darauf die andere: „Dann mach doch [Z] jetzt das Fenster auf."

b) Zwei Fliegen krabbeln [O] auf einem Globus herum: Als sie sich [Z] zum dritten Mal treffen, lacht die eine: „Wie klein doch die Welt ist!"

c) Großes Geschrei [O] im Dschungel. Ein junger Tiger jagt [A] voller Spaß einen Touristen vor sich her.

[A] Wütend stoppt ihn die Tigermutter: „Ich habe dir [Z] schon oft gesagt, man spielt nicht

[M] mit seinem Essen herum."

Modul 14: Attribute (Beifügungen)

Das Attribut (Beifügung) stellt kein eigenes Satzglied dar. Es ist Teil eines anderen Satzglieds.
Ein **Attribut** kann zu jedem Satzglied, außer zum Prädikat, dazutreten.
Beispiel:

| Die Frau | | schenkt | dem Jungen | | ein Buch |. |

Die Frau **des Bekannten**   schenkt   dem Jungen **mit den Sommersprossen**   ein **spannendes** Buch.

Das **Attribut** kennzeichnet dabei das Bezugswort genauer: die Frau **des Bekannten**, dem Jungen **mit den Sommersprossen**, ein **spannendes** Buch. Das Bezugswort ist in der Regel ein Nomen/Substantiv.

Die häufigsten Formen von Attributen sind:

* das Adjektivattribut: mein **kleiner** Bruder
* das Genitivattribut: das Fahrrad **des Jungen**
* das Attribut mit Präposition: das Mädchen **mit dem Pferdeschwanz**

Manchmal hat ein Attribut ein zweites Attribut: das Fahrrad **des kleinen Jungen** :
Attribut: **des kleinen Jungen** (Genitivattribut); Attribut des Attributs: **kleinen** (Adjektivattribut).

1. Ergänze die folgenden Bezugsnomen durch ein passendes Genitivattribut oder durch ein Attribut mit Präposition (an, am, auf, hinter, neben, in, über ...).

die Schule *meiner Schwester*	das Haus
die Blume	die Brücke
die Mütze	der Baum

2. Kennzeichne in jedem Satz das Satzglied, das ein Attribut mit Präposition enthält, durch einen Kasten. Unterstreiche das Attribut mit Präposition.

* Das Fußballspiel zwischen den Parallelklassen findet morgen Nachmittag statt.
* Felix wohnt in dem Haus am Park.
* Tom hat heute Morgen eine Geldbörse mit einem Fünfzig-Euro-Schein gefunden.
* Das neue Geländefahrrad von Jakob ist spitze.
* Hanna findet die Berichte über die neuen Ausgrabungen sehr spannend.

3. In jeder der folgenden Witzfragen gibt es mindestens ein Satzglied mit Attribut. Die genaue Anzahl steht hinter dem Text. Kennzeichne das entsprechende Satzglied durch einen Kasten; markiere das Attribut durch Unterstreichen.

Was ist weiß und geht den Berg hinauf? – Eine Lawine mit Heimweh. (1)

Welches ist das älteste Instrument? – Natürlich die Ziehharmonika, die hat die meisten Falten. (2)

Warum fliegen manche Vögel in den fernen Süden? – Weil es zu Fuß viel zu weit wäre. (2)

Wie heißt das einzige Tier, vor dem der Löwe Angst hat? – Die Löwin. (1)

Attribut

1. Kennzeichne jeweils die Satzglieder mit einem Genitivattribut (Frage: wessen?) durch einen Kasten. Unterstreiche das Attribut im Genitiv.

Tessa löst die Aufgaben der Mathearbeit.

Die Anweisungen des Lehrers sind eindeutig.

Tim leiht sich das Lineal seines Nachbarn aus.

Die Lehrerin bestätigt, dass das Heft ihrer Schülerin gut geführt ist.

Emmi sucht in ihrem Zimmer den Brief ihrer Freundin.

2. Unterstreiche in den gekennzeichneten Satzgliedern jeweils das Adjektivattribut und das präpositionale Attribut (Attribut mit Präposition). In zwei Satzgliedern stehen zwei Attribute.

Till ist ein guter Klavierspieler.

Die Schülerin mit dem hellblonden Zopf ist die Freundin von Anna.

Das Mädchen im Kinderkarussell ist die kleine Schwester von Emmi.

Micha repariert sein altes Fahrrad.

Malena steht das Kleid mit den bunten Streifen sehr gut.

3. Unterstreiche in den markierten Satzgliedern der folgenden beiden Täterbeschreibungen die Adjektivattribute.

a) Der jüngere Täter mit der Schlägermütze hat ein Alter von ca. 19 Jahren. Seine Größe ist etwas 1,75. Der schlanke Mann hat einen dunklen Teint und dunkelbraunes Haar. Auffällig sind die zahlreichen Pickel in seinem Gesicht. Bekleidet ist er mit einem Pullover aus grauer Wolle.

b) Der ältere Täter wird auf 35 Jahre geschätzt. Er hat tiefschwarzes Haar und trägt einen dunklen Vollbart. Die schwarze Pudelmütze hat er sich bei dem brutalen Raubüberfall bis zu den Augen ins Gesicht gezogen. Der bewaffnete Gangster ist bekleidet mit einem blauen Jackett und grauweißen Turnschuhen.

3. Der folgende Satz zur Beschreibung der Großmutter enthält zu wenig Informationen. Mache den Satz mithilfe der Attribute in der Klammer genauer. Das jeweilige Bezugsnomen ist fett markiert. Die Adjektive musst du verändern, damit sie zum Bezugsnomen passen.

Meine **Großmutter** ist eine **Frau**, die in unserer Familie sehr geschätzt wird.

(vierundsechzigjährig, sympathisch)

_____

_____

_____

Modul 14: Attribute (Befügungen)

© Schöningh 978-3-14-025132-7

■ Attribute

1. Achte auf die markierten Attribute im Satzglied; bestimme diese, indem du in das Kästchen einträgst:
Adjektivattribut (AA), Genitivattribut (GA), präpositionales Attribut (PA).

☐ das Auto **der Mutter**		☐ der **schönste** Urlaub		☐ meine **kleine** Schwester	
☐ die **tollen** Geschenke		☐ der Junge **mit den Sommersprossen**			
☐ das Haus **am Meer**		☐ die Hefte **der Schüler**		☐ der Marktplatz **des Ortes**	

2. Die folgende Märchenmixgeschichte hat keine Attribute. Mache die Geschichte interessanter und
genauer, indem du passende Adjektivattribute aus dem Speicher in die Satzglieder einbaust. Denke
daran, dass du die Adjektive zusammen mit dem Bezugsnomen beugen musst.

> hell, dicht, rote, jung, süß, undurchdringlich, geheimnisvoll, winzig, klein, köstlich

Märchenmix

In einem _____ Wald trifft Aschenputtel auf Schneewittchen.

Gemeinsam suchen sie einen Weg durch das _____ Unterholz .

Auf einer _____ Lichtung sehen sie plötzlich

ein _____ Haus aus _____ Plätzchen und _____ Schokolade .

Sie gehen zu dem _____ Häuschen und fangen an zu naschen.

Plötzlich geht die _____ Tür auf.

Ein _____ Mädchen mit einer _____ Mütze steht vor ihnen ...

3. Ergänze im folgenden Text die gekennzeichneten Satzglieder durch unterschiedliche Attribute aus dem
Speicher.

> mit der Tagesbeute, schwer, unfreiwillig, mit zahlreichen fremden Ausweisen, inzwischen informiert,
> vergesslich

Vergesslicher Dieb

In K. machte ein Taschendieb gleich zwei _____ Fehler . Zuerst

vergaß er seine Brieftasche _____ im Zug. Dann lieferte sich

der _____ Pechvogel der Polizei aus. Ein Zugbegleiter hatte

die Brieftasche _____ geöffnet. Als

der _____ Dieb die Brieftasche im Fundbüro abholen wollte,

wartete dort bereits die _____ Polizei .

■ Attribute

1. Kennzeichne in den folgenden Satzgliedern die Attribute; es können auch zwei oder mehr sein.

ein lustiger kleiner Junge

eine junge Frau mit ernster Miene

ein hübsches Mädchen in einem geblümten Kleid

eine schlanke, große Dame in einem eleganten dunkelblauen Kostüm

---

Attribute können auch die Form eines Relativsatzes/Nebensatzes haben:

Der Dackel **mit den Schlappohren** sucht seinen Fressnapf.

Der Dackel, **der Schlappohren hat,** sucht seinen Fressnapf.

Man spricht bei einem solchen Relativsatz deshalb auch von **Attributsatz**.

---

2. Ersetze die im jeweiligen Satzglied durch Fettdruck markierten Attribute durch einen Attributsatz mit Relativpronomen (der, die das, welcher, welche welches).

- Der **kleine** Junge vertilgt eine Riesenbratwurst. → Der Junge, der _____ ist, vertilgt eine

  Riesenbratwurst.

- Max liest gerade ein **spannendes** Buch. →

  _____ _____, _____ ist .

- Die Zuschauer bejubeln den **erfolgreichen** Läufer. →

  _____ _____, _____ .

- Das Haus im Park wird renoviert. →

  _____, _____ liegt, _____ .

3. Unterstreiche jeweils den Attributsatz. Kennzeichne jeweils das entsprechende Satzglied wie im Beispiel durch einen Kasten.

Meine Großmutter, die schon über achtzig ist, macht noch oft weite Reisen.

Oma Helga, welche die Mutter meines Vaters ist, hat außer mir noch sieben Enkelkinder.

Ihrem Enkel Jakob, der in Klasse 6 ist, hat sie zu Weihnachten einen Computer geschenkt.

Das neue Fahrrad, für das ich lange gespart habe, ist zur Hälfte durch Omas Spende finanziert.

Mit meiner Oma, die sehr feinfühlig und warmherzig ist, kann ich immer gut reden.

Meine Oma, die heute in Hamburg wohnt, stammt aus Oberfranken.

In den Sommerferien, die jetzt bald beginnen, werde ich mit meiner Oma nach Bayern fahren.

Kurzer Wissenscheck

Attribute (Beifügungen)

1. Ich kenne mich mit Attributen aus.

Kreuze die richtige Aussage an.

- [ ] 1. Attribute sind Satzglieder wie Subjekt, Prädikat und Objekt.
- [ ] 2. Attribute sind Teile von Satzgliedern, sie stellen keine eigenen Satzglieder dar.
- [ ] 3. Attribute kennzeichnen in der Regel ein Nomen im Satz genauer.
- [ ] 4. Es gibt unterschiedliche Arten von Attributen.
- [ ] 5. Jedes Satzglied kann ein Attribut enthalten, nur das Satzglied Prädikat nicht.
- [ ] 6. Attribute benötigt man in fast jedem Text, um diesen genauer und anschaulicher zu machen.

2. Ich kann Attribute in Satzgliedern erkennen und unterschiedliche Arten von Attributen unterscheiden.

Kennzeichne im jeweiligen Satzglied das Attribut durch Unterstreichen. Notiere im Kästchen die Art des Attributs mit der Abkürzung: Adjektivattribut (AA), Genitivattribut (GA), präpositionales Attribut (PA).

[ ] das Tier mit dem langen Hals	[ ] die Mähne des Löwen
[ ] die spielenden Seehunde	[ ] das Wasserbecken der Eisbären

3. Ich kann in einem Text Attribute einsetzen, um den Text genauer zu machen.

Setze an den angegebenen Stellen ein passendes Attribut aus dem Speicher ein.

geblümten/knallroten/auffallend langer, blonder/für alle Kirmesbesucher/vierjährige

Achtung, eine Durchsage _____ !

Eine Mutter hat ihre _____ Tochter verloren. Lisa Borgmeier ist

bekleidet mit einem _____ Rock und einem _____ T-Shirt .

Besonderes Merkmal ist ihr _____ Zopf .

4. Ich kann die Qualität von Texten beurteilen.

Hier ist deine Meinung gefragt …

Fülle das Kästchen aus und ergänze den Satz.
a) Meine Schwester ist der Stolz der Familie. Ihre Augen sind groß.
   Auf der Nase hat sie Sommersprossen. Sie hat ein Gesicht, das von Locken eingerahmt ist.
b) Meine dreijährige Schwester ist der Stolz der gesamten Familie. Ihre blauen Augen haben eine auffallende Größe. Auf der niedlichen kleinen Stupsnase hat sie einige lustig aussehende Sommersprossen. Sie hat ein rundes Gesicht, das von blonden Locken eingerahmt wird.

Text [ ] gefällt mir besser, weil _____

Lösungen

Attribute (Beifügungen)

Basismaterial (S. 94)

1. Beispiele: die Blume <u>in unserem Garten</u>, die Mütze <u>des Jungen</u>, das Haus <u>am See</u>, die Brücke <u>über den Fluss</u>, der Baum <u>vor meinem Haus</u>

2. Das Fußballspiel <u>zwischen den Parallelklassen</u> findet morgen Nachmittag statt.

   Felix wohnt in dem Haus <u>am Park</u>.

   Tom hat heute Morgen eine Geldbörse <u>mit einem Fünfzig-Euro-Schein</u> gefunden.

   Das neue Geländefahrrad <u>von Jakob</u> ist spitze.

   Hanna findet die Berichte <u>über die neuen Ausgrabungen</u> sehr spannend.

3. Was ist weiß und geht den Berg hinauf? – Eine Lawine <u>mit Heimweh</u>. (1)

   Welches ist das <u>älteste</u> Instrument? – Natürlich die Ziehharmonika, die hat die <u>meisten</u> Falten. (2)

   Warum fliegen <u>manche</u> Vögel in den <u>fernen</u> Süden? – Weil es zu Fuß viel zu weit wäre. (2)

   Wie heißt das <u>einzige</u> Tier, vor dem der Löwe Angst hat? – Die Löwin. (1)

Differenzierungsmaterial 1 (S. 95)

1. Die Anweisungen <u>des Lehrers</u> sind eindeutig.

   Tim leiht sich das Lineal <u>seines Nachbarn</u> aus.

   Die Lehrerin bestätigt, dass das Heft <u>ihrer Schülerin</u> gut geführt ist.

   Emmi sucht in ihrem Zimmer den Brief <u>ihrer Freundin</u>.

2. ein <u>guter</u> Klavierspieler, Die Schülerin mit dem <u>hellblonden</u> Zopf, Das Mädchen im <u>Kinderkarussell</u>, sein <u>altes</u> Fahrrad, das Kleid mit den <u>bunten</u> Streifen

3. a) Der <u>jüngere</u> Täter mit der Schlägermütze/Der <u>schlanke</u> Mann, einen <u>dunklen</u> Teint und <u>dunkelbraunes</u> Haar/die <u>zahlreichen</u> Pickel in seinem Gesicht/mit einem Pullover aus <u>grauer</u> Wolle
   b) Der <u>ältere</u> Täter/<u>tiefschwarzes</u> Haar, einen <u>dunklen</u> Vollbart/Die <u>schwarze</u> Pudelmütze, bei dem <u>brutalen</u> Raubüberfall/Der <u>bewaffnete</u> Gangster, mit einem <u>blauen</u> Jackett und <u>grauweißen</u> Turnschuhen

4. Meine <u>vierundsechzigjährige</u> Großmutter ist

   eine <u>sympathische</u> Frau, die in unserer Familie sehr geschätzt wird.

Differenzierungsmaterial 2 (S. 96)

1. (GA) das Auto **der Mutter**　　　(AA) der **schönste** Urlaub　　　(AA) meine **kleine** Schwester
   (AA) die **tollen** Geschenke　　　(PA) der Junge **mit den Sommersprossen**
   (PA) das Haus **am Meer**　　　(GA) die Hefte **der Schüler**　　　(GA) der Marktplatz **des Ortes**

2. In einem **undurchdringlichen** Wald; durch das **dichte** Unterholz;
   Auf einer **hellen** Lichtung; Ein **kleines** Haus aus **süßen** Plätzchen und **köstlicher** Schokolade;
   zu dem **geheimnisvollen** Häuschen; die **winzige** Tür; Ein **junges** Mädchen mit einer **roten** Mütze;

3. zwei **schwere** Fehler; seine Brieftasche **mit der Tagesbeute**;
   der **unfreiwillige** Pechvogel; die Brieftasche **mit zahlreichen fremden Ausweisen**;
   der **vergessliche** Dieb; die **inzwischen informierte** Polizei

Differenzierungsmaterial 3 (S. 97)

1. ein **lustiger kleiner** Junge, eine **junge** Frau **mit** <u>ernster</u> **Miene**, ein **hübsches** Mädchen **mit einem ge-blümten Kleid**, eine **schlanke, große** Dame **in einem** <u>eleganten</u> <u>dunkelblauen</u> **Kostüm**

2. • Der Junge, **der klein ist,** vertilgt eine Riesenbratwurst.
   • Max liest gerade ein Buch, **das spannend ist**.
   • Die Zuschauer bejubeln den Läufer, **der erfolgreich ist**.
   • Das Haus, **das im Park liegt,** wird renoviert.

3. Oma Helga, <u>welche die Mutter meines Vaters ist,</u> hat außer mir noch sieben Enkelkinder.

   Ihrem Enkel Jakob, <u>der in Klasse 6 ist,</u> hat sie zu Weihnachten einen Computer geschenkt.

   Das neue Fahrrad, <u>für das ich lange gespart habe,</u> ist zur Hälfte durch Omas Spende finanziert.

   Mit meiner Oma, <u>die sehr feinfühlig und warmherzig ist,</u> kann ich immer gut reden.

   Meine Oma, <u>die heute in Hamburg wohnt,</u> stammt aus Oberfranken.

   In den Sommerferien, <u>die jetzt bald beginnen,</u> werde ich mit meiner Oma nach Bayern fahren.

Kurzer Wissenscheck (S. 98)

1. Richtig sind: 2., 3., 4., 5., 6.
2. (PA) das Tier <u>mit dem langen Hals</u>; (AA) die <u>spielenden</u> Seehunde, (GA) die Mähne <u>des Löwen</u>, (GA) das Wasserbecken <u>der Eisbären</u>
3. Achtung, eine Durchsage **für alle Kirmesbesucher**
   Eine Mutter hat ihre **vierjährige** Tochter verloren. Lisa Borgmeier ist
   bekleidet mit einem **geblümten** Rock und einem **knallroten** T-Shirt.
   Besonderes Merkmal ist
   ihr **auffallend langer, blonder** Zopf.
4. Beispiel: Text b) gefällt mir besser, weil er genauere Hinweise mithilfe von Attributen gibt.